LUIS ELADIO ROA VIVAS

LA PROTECCIÓN CIVIL

ISBN: 978-1791656171

Impreso en los Estados Unidos de América por KDP

Noviembre 2018

Para más información:

jaltet@aol.com

https://jaltet.wixsite.com/editor-y-escritor

Portada: José Álvarez

No nos preguntemos qué propósito útil hay en el canto de los pájaros. Cantar es su deseo desde que fueron creados para cantar. Del mismo modo, no debemos preguntarnos por qué la mente humana se preocupa por penetrar los secretos de los cielos…

La diversidad de los fenómenos de la naturaleza es tan grande y los tesoros que encierra son tan ricos, precisamente para que la mente del hombre nunca se encuentre carente de su aliento básico.

Johannes Kepler

ÍNDICE

PRÓLOGO

Para los habitantes de la Florida, la temporada de huracanes n trae cada año la preocupación de verse envueltos en algún desastre natural de proporciones gigantescas. Ya conocen las previsiones que deben tomar pero siempre necesitan ayuda para regresar a su vida normal.

Hoy en día disponemos de muchos medios tecnológicos que nos permiten prepararnos para la llegada de un huracán. En cambio, un terremoto, una erupción volcánica o un incendio ocurren sin ningún aviso y nos encontramos tan desprevenidos y vulnerables como lo fueron en su época los habitantes de Pompeya.

Afortunadamente, en muchos países se han creado organismos de Protección Civil para brindar auxilio a la población . En este libro, el autor hace una comparación de ellos y nos muestra todos los ángulos que debe cubrir una Protección Civil eficiente y eficaz.

Cabe destacar que su tesis de grado en el IAEDEN (Instituto de Altos Estudios de la Defensa Nacional de Venezuela) fue tomada como guía para la creación de la Organización Nacional de Protección Civil de Venezuela.

INTRODUCCIÓN

El Estado tiene la obligación de proteger la vida, la libertad, las posesiones y derechos de todos los ciudadanos, así, conservar y proteger a la sociedad, constituye la primera tarea del Estado. Es una de las funciones mes antiguas y tradicionales, aquella que corresponde a su naturaleza y esencia. De la permanente necesidad de protección y asociación humana resulta la antigüedad de las organizaciones y servicios que la satisfacen.

De ahí se deriva la protección de los ciudadanos frente a los peligros y riesgos de desórdenes o trastornos provenientes de elementos, agentes o fenómenos naturales o accidentales, que puedan dar lugar a desastres, con la trágica e irreparable pérdida de vidas humanas, la destrucción de bienes materiales, el daño a la naturaleza y la interrupción de la vida cotidiana.

Los desastres naturales o accidentales provocan un desajuste en la estructura social e impide el cumplimiento de las actividades esenciales de la sociedad, afectando el funcionamiento vital de la misma. De la necesidad de protección de la población respecto de los desastres surge el conjunto de acciones englobadas en la noción de protección civil, la cual constituye la respuesta a un conjunto de demandas estrechamente ligadas a las condiciones de vida de nuestra sociedad y responde a necesidades de seguridad frente a los azares de la vida y a los riesgos tanto de la vida misma como de los bienes materiales y del entorno natural.

La protección civil es un elemento importante de nuestro modo de organización social y de congruencia de nuestra sociedad, y constituye una tarea indispensable, consciente, deliberada, global y planificada para proteger, así como conservar al individuo y a la sociedad.

Aunque su futuro depende depende de factores difíciles de controlar y no sólo por la imprevisibilidad de los eventos que le dan origen, sino también por la difícil situación económica por la que atraviesa el país, la protección civil deberá hacer efectivo el derecho de que cada venezolano tiene a la vida y a su seguridad y por tanto a un mayor bienestar, a la educación y al trabajo, con sus múltiples efectos positivos sobre la vida en sociedad.

La protección civil es una empresa compleja, amplia y ambiciosa de protección y conservación como respuesta al interés general de la población, en un marco de corresponsabilidad entre el Estado y la Sociedad. Esta tarea contempla al mismo tiempo la prevención de las condiciones de inseguridad y angustia, así como un aprendizaje de la participación de cada ciudadano en la vida pública.

Aunque los organismos tanto del sector público como privado, llevan a efecto en el ámbito de sus competencias, y con la mejor de las intenciones, acciones tanto de prevención como de auxilio a la población en el caso de desastres, las recientes catástrofes que han enlutado el país han demostrado la urgencia de consolidad, perfeccionar y ampliar los mecanismos de protección civil dentro de una organización de conjunto, que abarque los distintos niveles y sectores de administración, bajo una más acabada coordinación preventiva y operativa.

La protección civil no puede limitarse al rescate o a la distribución de alimentos y ropa a los damnificados. Engloba acciones que van desde las normativas hasta las operativas que alienten la reinserción social de los afectados sin prolongar un sistema de asistencia que los eternice en una marginación forzada por los acontecimientos.

Se sabe que, para ser eficaz en este campo, se debe favorecer una política de acción social en el sentido más amplio, la cual favorezca a la vez, en un marco descentralizado y a través de las políticas sectoriales nacionales, el desarrollo social de todos los individuos que componen la colectividad nacional en especial a los menos favorecidos.

La consolidación de la organización de protección civil necesariamente pasará por la democratización y la descentralización de la gestión de las instituciones y por la búsqueda de nuevas solidaridades. Ello implica que todos los beneficios de la protección civil se extiendan a la población sin discriminación de ningún tipo, reforzará el poder de intervención y coordinación de las autoridades estatales y municipales con el propósito de hacer más ágiles las acciones de prevención y auxilio en caso de desastres.

Durante el devenir de los hechos que conforman la historia de la humanidad, el ser humano ha buscado siempre seguridad y protección frente a los peligros con que constantemente le hostiga el medio ambiente. El hombre solamente sobrevivió en aquellos lugares donde pudo protegerse adecuadamente contra las inundaciones y terremotos, las epidemias, los incendios y calamidades de otra índole. Igualmente, desde los primeros tiempos las nefastas consecuencias de la lucha entre los pueblos y naciones así como el incremento de los medios de destrucción, pusieron de manifiesto cada vez con mayor urgencia, la necesidad de poner en práctica medidas destinadas a proteger los recursos humanos y materiales de la sociedad.

El avance tecnológico, el desarrollo industrial, el crecimiento y el aumento de los centros urbanos, han dado origen a una serie de problemas, modernamente denominados desastres sociológicos, tales como la contaminación ambiental, los accidentes de tránsito, los incendios de gran magnitud, las inundaciones y otras calamidades naturales o accidentales.

La aparición de los desastres socio-técnicos, conlleva a la necesidad de que el país debe disponer con una organización de Protección Civil. Este tipo de organización que se estructure debe contener como objetivo principal la protección del ser humano, de sus propiedades y de la comunidad como un todo, cuya preservación redunda en beneficio de las condiciones de vida del individuo y de la colectividad, contribuyendo además, al desarrollo económico y social de las mismas.

En una época como la actual, los fenómenos naturales devastadores deberían poder ser detectados, atenuados en sus males , ciertamente frenados. La civilización científica y tecnológica no podría sobrevivir si está impotente, al menos imprecisa, en su capacidad previsora de estos fenómenos.

El hombre, en relación a su vida, le corresponde el derecho de defenderla de cuanto pudiera comprometerla o exponerla, la obligación y la responsabilidad de contribuir a preservarla y mantenerla. Siempre el ser humano se ha visto expuesto a mil contingencias, a mil vicisitudes, protegiéndose de ellas, ya sea apelando a su medios y recursos individuales, o bien apelando a sus medios y recursos individuales, o bien recurriendo a los medios que la vida en comunidad le ofrece y proporciona. Y bajo la inspiración de los más variados principios, de las filosofías mes diversas siempre le vemos preocupado, propender a protegerse de los riesgos, de las calamidades, de las eventualidades que le amenazan y preocupado también a personarse, a reponerse de los daños sufridos cuando las medidas de prevención han resultado ineficaces en orden de su protección.

La existencia cada vez más tangible de la comunidad como un hecho permanente establece vinculaciones y deberes recíprocos haciendo más constante la idea de la solidaridad humana, y por ende, la promulgación de normas precisas que exijan de cada uno el aporte de sus capacidades, sus recursos, esfuerzos y voluntades, todo lo cual no debe estimarse como una acción filantrópica o un gesto de publicidad, sino como el cumplimiento del deber elemental y prioritario que cada hombre tiene frente a sus semejantes y cada región frente a otras regiones en la medida de su potencialidad, y por lo que todo esto encierra se hace necesario la estructuración e institucionalización de una organización de protección civil, eficaz y que garantice el cumplimiento de su misión.

La realidad el mundo contemporáneo, establece una responsabilidad integral nacional, impone por consiguiente grandes esfuerzos para no continuar enfrentando situaciones con el antiguo concepto de que son los militares los únicos con aptitudes, actitudes y entrenamiento para actuar en beneficio de la Seguridad y Defensa Nacional, que es un problema y una responsabilidad de todos.

La guerra es, en cierto sentido, una síntesis de las calamidades que en forma natural amenazan las poblaciones. Ella puede implicar incendios, destrucción similar a la de un terremoto, inundaciones, personas sin hogar, necesidades de refugio, etc. Por tanto un país debe preparar a sus habitantes y con medidas paralelas para enfrentar calamidades, a las que todos los países están expuestos y a las que los mejor organizados hacen frente de manera más consciente y ordenada para reducir los efectos de su acción.

Venezuela, como todos los países, se enfrenta a dificultades crecientes para atender a las necesidades básicas de sus habitantes, cada año los responsables de su gobierno encaran problemas más numerosos y difíciles de resolver, en el marco general de necesidades y problemas que atender y resolver, destacan por su importancia los que se relacionan con la protección civil, frente a los peligros y riesgos de desórdenes provenientes de elementos o agentes naturales o humanos, que pueden dar lugar a desastres.

Cada país como consecuencia de sus particulares condiciones físicas, históricas, económicas, sociales y culturales presenta características específicas que le imprimen una identidad individual y es este conjunto estructurado de elementos el que se enfrenta a calamidades imprimiéndole a su accionar un sello propio que corresponde a su nivel de desarrollo.

Históricamente, la protección como función social, las calamidades y los desastres no son eventos nuevos, las calamidades como agentes destructivos han asolado el territorio del país; pero solo hasta que la población creció y se hizo más densa, se empezaron a producir los desastres y, como consecuencia de éstos, se iniciaron los trabajos en materia de protección.

En cualquier tipo de desastre, la población resulta ser el agente mes afectado, tanto en su integridad física como material. La magnitud de los daños sufridos es mayor conforme aumenta el tamaño de la misma, se aglomera en grandes ciudades y se asienta en zonas de mediano y alto riesgo. Por ello, resulta necesario determinar la magnitud de las tareas de protección civil en su expresión demográfica, en particular a través del número de habitantes y de su distribución en el territorio nacional.

A principios del siglo XX la población en nuestro país

era aproximadamente de 2.5 millones de habitantes, las causas para el descenso en la población fueron: epidemias: paludismo, fiebre amarilla y otras enfermedades. El régimen demográfico de la Colonia fue el característico de las sociedades agrícolas: altas tasas de natalidad y mortalidad, con ligera preeminencia de la primera, lo que implicó un aumento sumamente lento de la población.

Se hace mención al censo del año: 1981 y 1999, indicando los índices porcentuales. La información contenida en el censo del año: 1981, indica que las zonas mayores pobladas eran: Área Metropolitana (Caracas), Maracaibo (Edo. Zulia) Valencia (Edo. Carabobo) San Cristóbal (Edo. Táchira), etc.

Si se relaciona el tamaño de la población con la superficie que ocupa cada una de las regiones en que se ha dividido el país, que la mayor concentración demográfica está en la región Norte Costera, con un 40% de la población y con una superficie aproximada de un 32%.

En Caracas, ciudad capital habitan aproximadamente 4 Millones de personas, lo cual equivale aun 24% del índice demográfico nacional. Al analizar la información correspondiente a cada entidad federal, independientemente de la región a que pertenecen, se observa que los estados más poblados se encuentran localizados en la región Norte-Central del país. Los estados del sur, han sido poco poblados.

Históricamente, las respuestas a los azares de la naturaleza no han dependido sólo de las condiciones geofísicas, sino que se han visto descansar también en la organización y valores de la sociedad y de sus instituciones. Sería erróneo sugerir que los eventos asociados con un sistema o con un a inundación no reflejan la naturaleza de estos procesos geofísicos, pero también, y por oposición, erróneo sería olvidar que la mayoría de los desastres naturales y los daños debidos a ellos son característicos, mes o accidentales en los lugares y sociedades donde éstos aparecen.

Desde este punto de vista los extremos naturales comprendidos en esta problemática son, en un sentido ecológico-humano, más esperados y conocidos que muchos de los desarrollos sociales contemporáneos que tanto influyen en la vida diaria.

A pesar de esta su relativa novedad, en la investigación que se hace, todavía prevalece un sentido de causalidad o dirección de la explicación que va del ambiente físico a sus impactos sociales. De ahí que todavía es común que las acciones más importantes que se emprendan sean: el monitor geofísico, la ingeniería o la planificación del uso de los suelos frente a los agentes naturales; en tanto que los factores económicos-sociales, organizativos y las condiciones del hábitat no han sido atendidos sistemáticamente.

En este caso, sin embargo y como producto de este importante trabajo sobre la protección civil, se procurará entender que aunque algunas calamidades son atribuibles a la naturaleza, existe la idea de que la sociedad mucho puede hacer para evitarlas o disminuirlas.

La protección civil tiene como misión primordial la protección de las personas y sus propiedades contra la acción de los agentes destructivos, la complejidad de los problemas de la protección civil se deriva de la importancia, amplitud y relevancia que tiene esta función en todos los órdenes de la vida en sociedad. A pesar de su antigüedad e importancia, aun en los países desarrollados que han enfrentado diversas situaciones de catástrofe, sólo en épocas recientes han ido estructurando sus organizaciones de protección civil.

La visión y las respuestas contempladas hasta ahora han obedecido a una comprensión limitadas de los alcances de la protección civil para contribuir a mejorar los niveles de bienestar social; aumentar la participación civil, reforzar las relaciones intra y extra regionales; mejorar el ambiente y los niveles de vida y, en suma alcanzar una sociedad mejor protegida.

Estos acercamientos limitados, no han permitido definir con claridad el propósito central de la protección civil ni han dado respuestas específicas sobre el que, por qué y para qué de sus usos y funciones, así como sobre su carácter, considerando objetivamente sus características y consecuencias.

Una organización de protección civil debe alentar y estimular a la población, debiendo conocer qué se persigue y a donde se quiere llegar, debe mantenerse atenta a las respuestas y los requerimientos de la población, así mismo debe crear conciencia de su importancia, y es necesario determinar con claridad las actividades y funciones de los organismos, separando adecuadamente las funciones operativas de las normativas y afirmando la coordinación y participación de los mecanismos técnicos y sociales.

Las necesidades de apoyo que se presentan como respuesta y parte de los problemas internos, implican una mayor integración de los programas de acción de protección civil, al eliminar su carácter aislado y fragmentario a través de una mejor administración del Estado en materia de protección civil; una adecuación del marco jurídico y una mayor coordinación entre los medios de comunicación social. Así mismo se requiere reforzar el uso del potencial nacional con recursos humanos, materiales y financieros; consolidar las condiciones para el establecimiento de medios autónomos de creación y difusión; impulsar la investigación teórica y práctica de los elementos y procesos de protección civil de la colectividad y de los usuarios; alentar acciones de protección civil y mantener una evaluación permanente del impacto de la protección civil en la población afectada.

Existe igualmente la necesidad de atacar los desequilibrios geográficos y sociales frente a la protección civil, los cuales aunque han sido consecuencia lógica de nuestro particular desarrollo no deben ser perpetuados sino, por el contrario, deben ser disminuidos.

También es importante señalar que aunque las necesidades en materia de tecnología y equipos son crecientes por la velocidad con la cual evolucionan los sistemas de protección civil y sus técnicas en algunos países, debemos enfrentar nuestras propias carencias y necesidades, inicialmente a partir del desarrollo de propias tecnologías y recursos hasta donde éstos lo permitan y solo después de tratar de incorporar aquellos que sean necesarios a fin de no quedar expuestos a una parálisis por la falta de tecnología y herramientas adecuadas.

La necesidad de implementar una organización de protección civil con un programa integral que permita contrarrestar gradualmente los problemas, las tendencias negativas o las fallas contempladas en el sentido indicado, y que modifique y oriente el desarrollo de la misma con una lógica propia que subordine los intereses individuales o de grupo a los intereses nacionales.

Tradicionalmente los desastres se veían como producto de fuerzas sobrenaturales y como tales eran captados. Con el advenimiento de la ciencia, la explicación a estos fenómenos se ha buscado, por una parte, en las fuerzas del universo principalmente de carácter geofísico y, por otra parte, en la presencia y accionar del hombre y de la tierra.

Las comunidades humanas han sido afectadas siempre por efectos de los sismos, inundaciones, plagas y epidemias. Lo reciente es la reflexión científica obre estos fenómeno. La complejidad de los agentes que provocan los desastres ha hecho necesario conocer las circunstancias que los preceden y los acompañan en este sentido, se señalan cuatro factores significativos:

El primero lo constituye la creciente población y su tendencia a concentrarse en los centros urbanos, lo cual la expone a los efectos de los agentes perturbadores naturales, el segundo lo constituyen las diversas fuentes de energía que el hombre controla y maneja y que poseen el potencial para la creación de desastres de origen humano y que son vulnerables a los errores, el tercero es el carácter ambivalente de la energía que el hombre emplea y el cuarto viene dado por la intervención que hace el hombre sobre el medio ambiente por lo cual aumentan las posibilidades de romper con el equilibrio natural.

En el ámbito político-administrativo, la generalidad jurídica de la protección civil, se ha traducido en la dispersión de las acciones de protección y ayuda, en los niveles Nacional, Estatal y Municipal, en los tres niveles se requiere que las acciones se lleven a cabo con la coordinación necesaria entre los diferentes organismos y dependencias gubernamentales con el fin de evitar pérdida de vidas humanas y daños materiales considerables.

Los recursos financieros y materiales de las

dependencias y entidades paraestatales de la administración pública nacional destinados a la prevención y auxilio en casos de desastres, serán asignados de acuerdo con sus atribuciones en esta materia.

De manera específica aparecen en esta área como un elemento fundamental, las bases de monitoreo y pronóstico de calamidades, el pronóstico de calamidades es el proceso de prevención, desempeña un papel primordial en la toma de decisiones y en la planificación en materia de desastres. Los pronósticos permiten tomar medidas básicas para intervenir y controlar las calamidades como puede serlo: Impedir la organización de las condiciones necesarias para la ocurrencia de la calamidad, y prevenir, mediante la activación de los mecanismos de protección civil.

La organización de Protección Civil responde a diversos objetivos cuya definición se apoya en la letra y el espíritu de los preceptos constitucionales, y de modo particular en las garantías individuales y en las aspiraciones de los habitantes de de la sociedad como un todo, como parte de la estrategia del Plan de Desarrollo Nacional.

La iniciativa de incluir a la Protección Civil como parte indispensable, en la formación de un Programa de Gobierno moderno y práctico, es una idea plausible, por cuanto se debe tomar en cuenta la importancia de la incorporación de la población en las actividades de prevención, mitigación y atención de desastres, para que de esta manera, las comunidades estén en capacidad de auto protegerse contra las calamidades que puedan afectar sus vidas y sus bienes.

Comenzaremos por visualizar las dos situaciones a las que indefectiblemente está sometida una Nación: La paz o la emergencia. El estado de paz es la situación de quietud y sosiego público,; mientras que el estado de emergencia es la situación excepcional a que se ve sometida una Nación cuando es turbada por fenómenos naturales o disensiones de cualquier orden que modifican o alteran su equilibrio físico-social. Todo Estado de derecho está en la necesidad de prever y normalizar esta excepción y está en la obligación de proteger la vida, la libertad, las propiedades y derechos de los ciudadanos.

La diferencia básica entre Protección Civil y la Defensa Civil es que la primera contiene acciones de aplicación permanente para garantizar los niveles óptimos de Protección de toda la población, mientras que la segunda es la aplicación de medidas o acciones frente a situaciones de Emergencia o Movilización que comprometan la Seguridad y Defensa del País.

Una acción de Protección Civil puede desarrollarse desde el nivel local hasta el nivel nacional, a través de los organismos oficiales y privados que están involucrados en Planes de Desarrollo. Ejemplo de ello lo constituyen el desarrollo de normas para la acción preventiva de incendios en edificaciones, la aplicación de normas anti-sísmicas, la promulgación de la Ley de Suelos y Aguas, etc.

Estas acciones de Protección Civil deben ser acogidas por todo Estado moderno que propugne la Paz y que entienda la existencia del hombre como parte del ecosistema, y sobre el cual giran todas las acciones y políticas de un Estado.

La organización de Protección Civil debe caracterizarse porque su flexibilidad, funcionalidad y amplitud sea capaz de arbitrar toda clase de recursos, para desarrollar programas efectivos en pro de la prevención y atención de situaciones de emergencias que eventualmente puedan degenerar en desastre, evitando dentro de lo posible todo género de calamidades públicas o auxiliando a los damnificados por ellas durante la emergencias. Deberá garantizar la protección y seguridad de los ciudadanos y de los bienes y servicios dentro de su área de acción, reduciendo a su mínima expresión la pérdida de vidas humanas y materiales y la aflicción de quienes inevitablemente se vean afectados por situaciones de esta naturaleza.

La organización de Protección Civil viene a constituirse en un organismo centralizador de las acciones y operaciones a desarrollar ante una emergencia actual o inminente, que establezca los lineamientos de la conducta a seguir y determine las autoridades y personas públicas y privadas que deberán acudir a pesar apoyo para restablecimiento de la vida ciudadana perturbada por el desastre; asignándole las misiones que de acuerdo con su carácter y recursos estén en condiciones de cumplir con mayor eficacia.

CAPITULO I

EL PROBLEMA

1.1 Planteamiento del Problema

Generalmente cuando se habla de la Defensa Nacional, el común de la gente imagina a su país envuelto en una situación bélica y asociada al problema casi en forma automática, con los militares; en quienes consideran descansa la total y absoluta responsabilidad por tan delicada y compleja cuestión, pues sólo a ellos se les atribuyen aptitudes en este sentido y de igual manera se consideran únicos obligados a actuar en beneficio de la Seguridad y Defensa Nacional.

Por supuesto que no se puede, ni se debe pensar que ésta situación traduce entrañe, en modo alguno una actitud negativa o indiferente de parte de los ciudadanos que los obliga a contribuir a la Defensa de la Patria con su esfuerzo, bienes y hasta la vida misma; por el contrario, ello es fundamental y de manera general, una creencia errónea surgida de un muy claro concepto de lo que es la Defensa Nacional.

La Defensa ha sido para el hombre una cuestión vital porque ha tenido que vivir a lo largo de toda su existencia bajo la permanente amenaza de la guerra y de los fenómenos naturales adversos, agregándose además otros hechos calamitosos consecuencia de los adelantos técnicos de la humanidad; habiéndose visto en la necesidad de luchar frente a tal amenaza, no sólo para sobrevivir, sino también para alcanzar su bienestar material, espiritual y moral.

Esta situación se ha hecho cada vez más compleja a través de los años y todo parece indicar que se ha llegado a una situación tal, que la agresión se manifiesta hoy en día en diversas formas, con diferentes matices y con tanta sutileza, incluso que para muchos resulta imperceptible a veces. Ante la situación planteada la agresión puede ser económica, política, social o militar, siendo ésta última la más ruidosa y la más devastadora y la que es imposible ignorar, por otra parte hay toda una gama de fenómenos naturales cuya ocurrencia, no ha sido posible predecir, de los cuales no tiene una muy grata experiencia la humanidad, pero frente a los cuales y a la posibilidad siempre latente de que ocurran, debemos estar preparados para actuar ordenada y juiciosamente.

Por consiguiente, hechos calamitosos como consecuencia del desarrollo tecnológico, tales como: accidentes automovilísticos, explosiones, incendios; así mismo se observa claramente que en el caso de la guerra, esta ha venido a resultar, con el avance de la ciencia y la tecnología, un fenómeno de tal complejidad y de consecuencias tan graves, que no sólo compromete con sus efectos a las Fuerzas Armadas, sino también al sector civil, pues la misma implica y destaca toda una serie de calamidades, comparable sólo y de mayores efectos en algunos casos a los de origen natural, que afectan también a la población, tales como: inundaciones, epidemias, terremotos, huracanes trayendo como consecuencia volúmenes considerables de muertos y lesionados, grandes necesidades de viviendas, alimentos y medicinas.

De este modo se desprende que un país no habrá completado su preparación para las contingencias, con sólo desarrollar sus Fuerzas Armadas, sino que además de éstas se debe concebir un organismo de protección civil contra tales calamidades, que les permita prestar la mayor protección contra los desastres de cualquier tipo, incluida la guerra.

Sobre la base de las consideraciones anteriores, es preciso definir la necesidad de conocer la protección civil en Venezuela, la cual debe ser de carácter permanente, que sea capaz de cumplir eficientemente toda una gama de actividades, cuya finalidad primordial sea la de proteger a la población al máximo posible en caso de desastres naturales o producidos por la mano del hombre y de los efectos de la guerra.

Tal como se observa la necesidad de protegerse y defenderse de los adversarios es tan antigua como la vida misma, el antiguo testamento nos describe el diluvio universal como ejemplo de un desastre cataclísmico, considerando el Arca de Noé el ejemplo de preparación y previsión que permitirá la sobrevivencia de la humanidad.

Es evidente entonces tomar en cuenta que los desastres naturales y socio-técnicos trastornan súbita y dramáticamente el orden y concierto que tenían las cosas antes del hecho. Por eso, la motivación fundamental de la Protección Civil es humanitaria y de prudencia, el temor o el miedo, el desorden y el sentido de impotencia causa un vacío de poder, que inmediatamente es aprovechado por el hampa y los movimientos extremistas. Las guerras puedan que algún día desaparezcan de la faz de la tierra, pero los fenómenos naturales y accidentes sociológicos siempre estarán presentes, en cantidades e intensidades cada vez mayores.

En este mismo sentido la conciencia universal milenaria, ha responsabilizado siempre al Estado de la protección de los ciudadanos bajo su jurisdicción, así como de la restauración de las cosas a la situación antes del desastre y, además, compensar a los ciudadanos afectados por sus perdidas materiales. A esta responsabilidad del Estado se le da el nombre de Protección Civil.

Según Daly, G. J. (1989,p.12), Protección Civil es un sistema permanente de prevención, mitigación y rehabilitación de desastres naturales y sociológicos fundamentalmente para salvar vidas. Participan en ella activa y voluntariamente todo el universo poblacional, nacional y extranjero, aún adscritos a las Fuerzas Armadas, concientiza y adiestra la autoprotección individual, así mismo hace mención que la protección civil es un sistema permanente de prevención, mitigación y rehabilitación de desastres naturales y sociológicos fundamentales para salvar vidas, participan en ella activa y voluntariamente todo el universo poblacional, nacional y extranjero, aún adscritos a las Fuerzas Armadas, concientiza y adiestra la autoprotección individual. Las características que experimenta el país, su situación geográfica, social y demográfica, favorece hechos de emergencia o catástrofes, bien sea naturales o provocados por la mano del hombre.

¿Cuál es la necesidad de implementar la Protección Civil en Venezuela, y cómo beneficiaría esta Protección Civil a sus habitantes?

1.2 Justificación e Importancia

Es necesario definir si efectivamente la Protección Civil, permitiría un mejor bienestar de la población venezolana, y contribuiría al desarrollo, la seguridad y la defensa nacional, la complejidad de los problemas de la protección civil, se derivan de la importancia, amplitud y relevancia que tiene esa función en todos los órganos de la vida en sociedad. A pesar de su antigüedad e importancia, aún en los países más desarrollados que han enfrentado diversas situaciones de catástrofes, sólo en épocas recientes han ido estructurando sus correspondientes organizaciones de Protección Civil.

La visión y las respuestas contempladas hasta ahora obedecen a una comprensión limitada de los alcances de la protección civil para contribuir a mejorar los niveles de bienestar social, aumentando la participación civil, reforzar las relaciones intra y extra regionales, y mejorar sustancialmente el ambiente y el marco de vida y, en suma para alcanzar una sociedad más protegida.

Estos acontecimientos limitados, no han permitido definir con claridad el propósito central de la protección civil en el país, ni han dado respuestas específicas sobre el qué, por qué y para qué de sus usos y sus funciones, así como sobre su carácter, considerando objetivamente sus características y consecuencias.

La protección civil es necesaria e indispensable en una sociedad tan convulsionada, como la venezolana ya que en cualquier momento puede generarse una catástrofe y no se está preparado para afrontar la misma, ésta debe ser sufi-cientemente permeable y flexible como para mantenerse atenta a los requerimientos de la población, y simultáneamente debe ser tan clara y firme que permita crear conciencia en todos y cada uno de los ciudadanos, sin distingo de ninguna naturaleza, de ser así, el presente trabajo de grado representa wl aporte para respaldar los cambios que se están dando en el Estado Venezolano y servirá como un documento de referencia para futuros trabajos en ésta área.

La Constitución Nacional de la República de Venezuela(1999), en su Capítulo I, artículo 3, Principios Fundamentales, prevé la Protección Civil de manera conceptual al afirmar que: El Estado tiene como fines esenciales la defensa y el desarrollo de la persona y el respeto a su dignidad, el ejercicio democrático de la voluntad popular, la construcción de una sociedad justa y amante de la paz, la promoción de la prosperidad y bienestar del pueblo y la garantía del cumplimiento de los principios, derechos y deberes consagrados en esta Constitución. La educación y el trabajo son los procesos fundamentales para alcanzar dichos fines.

Según Daly, J. (1989, p.13), por su naturaleza, la Protección Civil (P.C.) debe estar activa en todo momento y en todo lugar, sus fines son exclusivamente humanitarios, tiene por misión fundamental atender situaciones de desastres causados por fenómenos naturales o provocados por la mano del hombre. Es imperativo crear conciencia en los distintos niveles gubernamentales del Estado de la importancia que tiene la protección civil para el individuo y la sociedad como un todo; la misma persigue satisfacer las necesidades y requerimientos para lograr un mejor nivel de vida.

Es indispensable implementar verdaderas políticas en materia de protección civil, toda vez que se romperían los antiguos paradigmas, creando una nueva cultura de excelencia, al servicio de las comunidades y orientada hacia la transformación individual y colectiva.

El contenido del presente trabajo está orientado para conocer la evolución de la Protección Civil, su vigencia en el mundo actual y el papel determinante que juega la misma, en la Seguridad y la Defensa Nacional, así mismo se espera que el resultado de la presente investigación sea de utilidad a los órganos gubernamentales, para su discusión y análisis, teniendo como base la información que el presente trabajo generará, beneficiando de esta manera al colectivo nacional, así mismo es importante manifestar que sobre esta materia es uno de los primeros trabajos de investigación que se realiza en el país.

1.3 Objetivos de la Investigación

1.3.1 General

Analizar las regulaciones en materia de Protección Civil existentes en Venezuela.

1.3.2 Específicos

- Analizar la evolución de la protección civil en Venezuela.
- Determinar los aspectos que pueden ser aplicados en Venezuela, luego del análisis de las regulaciones vigentes en otros países.
- Evaluar el régimen actual de protección civil en Venezuela.
- Determinar que aspectos de las regulaciones existentes en materia de Protección Civil pueden afectar el desarrollo del país.

1.4 La Investigación

1.4.1 Tipo

El presente trabajo se ubica en una investigación teórica que ofrece la ventaja de precisar elementos empíricos del tema, a través de investigar en los textos legales, jurisprudenciales, doctrinales y otros documentos, analizados fundamentalmente con sentido crítico y temático, esto es, a través de los variados aspectos como han sido considerados en su oportunidad por los estudiosos de la materia. Lo anterior configura una investigación analítica y de desarrollo conceptual, con apoyo de una amplia revisión bibliográfica.

En tal sentido y de acuerdo a los objetivos establecidos, la investigación será documental a un nivel descriptivo. Documental, entiendo esto como:

"...el estudio de problemas con el propósito de ampliar y profundizar el conocimiento de su naturaleza, con apoyo, principalmente, en trabajos previos, información y datos divulgados por medios impresos, audiovisuales o electrónicos. La originalidad del estudio se refleja en el enfoque, criterios, conceptualizaciones, reflexiones, conclusiones, recomendaciones y, en general, en el pensamiento del autor ... "(UPEL, 1998).

Tendrá un nivel descriptivo tomando como base lo que dicen Ary, D. y otros (1 , al obtener la " ... información acerca del estado actual de los fenómenos. Con ello se pretende precisar la naturaleza de una situación tal como existe en el momento del estudio ... " (p.308).

Como complemento y por constituir una modalidad de la investigación documental, se empleará la investigación bibliográfica, de acuerdo a las consideraciones de Alfonso, l. (1991), quien la define como:

" ... el proceso de búsqueda que se realiza en las fuentes impresas con el objeto de recoger la información en ella contenida, organizarla sistemáticamente, describirla e interpretarla de acuerdo con procedimientos que garanticen la objetividad y la confiabilidad de sus resultados, con el fin de responder a una determinada interrogante o llenar alguna laguna dentro de un campo del conocimiento ... " (p.30).

El trabajo se apoyó con una investigación de campo, la cual consistió en obtener información de fuentes primarias, a través de un guión de entrevistas estructurado. Este instrumento permitió registrar de manera objetiva las informaciones obtenidas sobre la materia, lo que facilitó la apreciación general del problema estudiado.

1.4.2 Diseño

El diseño bibliográfico, estuvo determinado por las fuentes documentales usadas para solucionar el problema. Se realizó una búsqueda de fuentes impresas con información sobre la Protección Civil en el Mundo y en Venezuela, como ha estado organizada, cuales son sus componentes, sus interrelaciones, cual ha sido su evolución, su importancia, causas y consecuencias para el desarrollo, la seguridad y la defensa nacional, con el propósito de cubrir los vacíos que dentro del campo del conocimiento científico debían ser completados para generalizar los resultados correspondientes en función de técnicas de análisis de contenido y de análisis comparativos de las fuentes documentales, en lo referente al diseño de campo, éste se realizó mediante obtención de información de fuentes primarias(testimonios) a través de entrevistas realizadas a expertos en la materia, se realizó un análisis sistemático del problema, conocer las causas y efectos en contraste con la teoría o el deber construido.

De la misma forma en el trabajo se usó la técnica de análisis de contenido, análisis comparativo y construcción de sistemas de categorías, clasificación de casos, inducción y síntesis. Ello facilitó el análisis deductivo-inductivo para lograr los objetivos planteados.

Preguntas de la investigación

- ¿ Cómo ha evolucionado la Protección Civil en Venezuela?
- ¿ Qué aspectos legales de otros países en materia de Protección Civil, pueden ser aplicados en Venezuela?
- ¿ Se aplica en Venezuela el Régimen actual de Protección Civil?
- ¿ Qué aspectos de las regulaciones existentes en materia de Protección Civil, afectan el Desarrollo del País?

Población y muestra

Población

"La población o universo se refiere al conjunto para el cual serán válidas las conclusiones que se obtengan: a los elementos o unidades (personas, instituciones o cosas) involucradas en la investigación" (Morles, V. citado por Arias, F. 1999, p. 49), en tal sentido la población para la presente investigación está conformada por las personas que en el ámbito nacional sean expertos en Seguridad y Defensa y en especial en materia de Protección Civil.

Muestra:

"La muestra es, en esencia, un subgrupo de la población. Digamos que es un subconjunto de elementos que pertenecen a ese conjunto definido en sus características al que llamamos población" (Hernández y otros 1998, p. 207).

Al tomar lo anterior como premisa, para la presente investigación la muestras seleccionará de manera intencional u opinática, entendiéndose por ésta la "selección de los elementos con base en criterios o juicios del observador".

(Arias, F. 1999, p. 51), en tal sentido para su escogencia sólo se considerarán expertos a aquellas personas que en el área relacionada con el tema, tengan publicaciones, hayan desempeñado cargos, tengan los estudios inherentes y demuestren tener los conocimientos y las experiencias necesarias en materia de protección civil.

1.4.3 Técnicas e Instrumentos

La información suministrada por las personas seleccionadas como parte de la muestra fue recolectada a través de la técnica de entrevista y su sistematización se hizo mediante el Análisis de Contenido, para ello se siguió lo estipulado por Krippendorf

(1982), citado por Hernández y otros (1998), quien afirma que el análisis de contenido es una "técnica de investigación para hacer inferencias válidas y confiables de datos respecto a su contexto" (p. 293). Derivado de lo anterior, los instrumentos utilizados fueron dos: Un guión para entrevistas no estructuradas (Anexo A), compuesto por doce preguntas abiertas, sobre el particular afirma Ander-Egg, E. (1982) que " ... este tipo de entrevista presupone el conocimiento previo del nivel de información de los encuestados y que el lenguaje del cuestionario es comprensible para aquellos de manera unívoca" (p. 227).

El otro fue un modelo de matriz de análisis de contenido (Anexo B), el cual será necesario para registrar y analizar el contenido de la información que fue recolectada, Hernández y otros (1998), consideran que en esta es necesario definir claramente el universo a analizar, las unidades de análisis y las categorías de análisis.

Para asegurar la validez de ambos instrumentos, su versión inicial fue sometida a la consideración de cinco expertos en contenido, los cuales fueron seleccionados tomando en cuenta las siguientes características: Conocimientos, experiencia docente, experiencia laboral y obras publicadas de manera muy especial en materia de Protección Civil; los cuales entre otras cosas consideraron: El contenido y la secuencia lógica del orden de las ideas, si a su criterio permitió obtener la información que facilitará cumplir los objetivos del trabajo finalmente el vocabulario, para determinar si es pertinente en cuanto a que sea entendible su contenido.

Como instrumentos auxiliares para facilitar la recopilación y clasificación de la información, se utilizaron fichas de trabajo, estas permitirán una mejor organización de la información extraída de las fuentes consultantes.

1.4.4 Análisis e Interpretación de la Información

Uno de los aspectos más resaltantes de esta investigación fue la recolección de la información, ésta se realizó tomando en cuenta las preguntas de la investigación, aspectos centrales de la demostración, para el logro de los objetivos. Esto se hará a través de la lectura evaluativa, del resumen lógico y fichas de trabajo.

Los datos fueron clasificados en conjuntos parciales y subordinados, de acuerdo con la relación lógica que exista entre ellos, la clasificación citada se materializará a través del análisis de contenido, tomando como referencia los criterios de Hernández y otros (1998), quienes consideran que este se efectúa por medio de la codificación, que es el proceso a través del cual las características relevantes del contenido de un mensaje son transformadas en unidades que permiten su descripción y análisis preciso. En las matrices señaladas, la información se analizará de manera lógica, lo que permitirá que la inducción y la deducción se den de manera simultánea y combinada.

Al mismo tiempo, la información se sometió a un análisis interno y externo, el primero, para precisar la autenticidad y el segundo, según Alfonso, I. (1991) "está referido al estudio del contenido. Se trata de un análisis de carácter racional y subjetivo" (p. 147).

Del análisis progresivo de la información estudiada surgieron las conclusiones y recomendaciones, las cuales fueron evaluadas y perfeccionadas a través de un proceso de síntesis, lo cual se entendió como la recomposición de las partes o elementos de un todo que el análisis había separado, para integrarlas en una unidad coherente y con sentido pleno, que condujo a las conclusiones finales, racionalmente fundamentadas.

CAPITULO II

2. MARCO TEÓRICO REFERENCIAL

2.1 ANTECEDENTES DE LA INVESTIGACIÓN

El origen de la Protección CíVil en Venezuela se remonta a la época de la independencia a raíz de la huida hacia oriente, se formaron en Caracas, las llamadas juntas de subsistencia, como medida de protección a la población civil del desabastecimiento creado por el estado de guerra interna imperante.

Desde esa época no se encuentra nueva evidencia de organización para defensa de la población no beligerantes, hasta que se promulga: La Ley Orgánica de las Fuerzas Armadas Nacionales (1938), y tenía previsto que la guardia territorial estaría conformada por ciudadanos que no estuvieran cumpliendo con el servicio militar y tenía por misión la defensa de la población no beligerante, debería estar agrupada en unidades especiales y en la forma en que era determinada por el Presidente de la República, única autoridad que ordenaba el agrupamiento de la misma, ésta era llamada a servir en caso de guerra internacional y no podía ser empleada sino para policía y defensa de los lugares de su residencia, y para la seguridad de los establecimientos.

Así mismo mediante el Decreto Presidencial del 7 Sep 1943, se creó la Junta Nacional de Socorro, la cual estaría adscrita al Ministerio de Sanidad y Asistencia Social, y tenía por finalidad atender a las personas que resultaran afectadas a consecuencia de las inundaciones producidas por el río Orinoco, siendo una de las primeras referencias históricas por parte del Estado para atender una situación de desastres.

Por otra parte la Resolución del Ministerio de Sanidad (16 Nov1943), reglamenta su campo de acción a centralizar los fondos de voluntarios y del tesoro para atender a los damnificados por las inundaciones, hasta este momento no se había utilizado el término Defensa Civil, como símbolo de preparación y atención de desastres en el país.

La Resolución del Ministro de Sanidad(21 May 1958), mediante la cual se crea la División de Socorro y Defensa Civil, adscrito a la Dirección de Asuntos Sociales, y quedaba integrada por: La Cruz Roja Venezolana, La Junta de Beneficencia Pública del Distrito Federal, Boys Scouts, Radio Club Venezolano y Aéreo Club Venezolano.

De igual manera fue creado el Comando Unificado Médico Asistencial (CUMA-29 Jul 1967), presidido por el Ministro de Sanidad y Asistencia Social e integrado por representantes de todos los organismos del Estado, dispensadores de salud en el Distrito Federal y el Estado Miranda, el cual tendría por misión atender y prestar atención médica en cualquier lugar del Distrito Federal y del Estado Miranda, cuando y donde fuera requerido.

En junio de 1969, se creó el Fondo de Solidaridad Social (FUNDASOCIAL), cuyo objetivo era el de prevenir y reparar en lo posible los daños ocasionados por calamidades y catástrofes que afecten o que puedan afectar a grupos apreciables de la colectividad, el mismo tenía por finalidad primordial la recolección de fondos destinados a la prevención y reparación de los daños ocasionados por calamidades o desastres.

Posteriormente en septiembre de 1971, se creó la Comisión de Defensa Civil, integrada por el Ministerio de Relaciones Interiores, quién la presidiría y por representantes de los Ministerios de Hacienda, Defensa, Obras Públicas, Educación, Sanidad y Asistencia Social, Comunicaciones, Agricultura y Cría, CORDIPLAN, FUNDASOCIAL, Cruz Roja Venezolana y los diferentes sectores privados de carácter asistencial, económicos y laborales que se juzguen necesarios; su función era la de planificar y coordinar las acciones tendentes a prevenir, reducir, atender y reparar los daños a las personas y bienes causados por calamidades públicas de cualquier origen.

También el DecretoNro.532 modificó el Decreto 96, asignado al Fondo de Solidaridad Social (FUNDASOCIAL), y cuyo objetivo era de recaudar fondos, que serían destinados a la prevención de calamidades y a la reparación de daños ocasionados por éstas, así como la formación, capacitación y entrenamiento de personal en todas las especialidades de Defensa Civil.

Adicionalmente el Decreto 533, establece por primera vez que la Defensa Civil es parte integrante de la Comisión Nacional de Defensa Civil y que además de sus funciones propias, tales como prevenir y reparar los daños que puedan causar las calamidades de cualquier índole, establecer el ámbito de su acción, debe planificar y coordinar las acciones de las entidades públicas y privadas y de la población en general.

Además, la Comisión Nacional de Defensa Civil, será el órgano responsable de la administración y coordinará la acción de los organismos competentes en la prevención y reparación de los daños que puedan causar las calamidades de cualquier índole, ajustando su actuación a los planes generales de Seguridad y Defensa Nacional, también reestructura la Comisión denominándola Comisión Nacional de Defensa

Civil, integrada por el Ministro de Relaciones Interiores quien la presidirá y los ministros de la Defensa, Obras Públicas, Sanidad y Asistencia Social, Comunicaciones y Agricultura y Cría, estipulaba la creación en cada entidad federal de una Comisión Regional de Defensa Civil, presidida por el Gobernador del Estado.

Por su parte la Ley Orgánica de Seguridad y Defensa, promulgada el 18 de agosto de 1976 ,contempla la garantía y el empleo del poder nacional en todo conflicto interior o exterior, conmoción o catástrofe que pueda perturbar la paz de la República, esto quiere decir que el poder nacional será aplicado ante cualquier conmoción o desastre que pueda perturbar la paz de la República, Así mismo todo el título V, se refiere a la Defensa Civil, cuando en sus artículos establece: que el Presidente de la República, oído el Consejo Nacional de Seguridad y Defensa, dictará las disposiciones para proveer y regular la organización y funcionamiento de la Defensa Civil. Esto quiere decir que luego que CONASEDE informa al Presidente de la República de cualquier situación que perturbe la paz de la República, dictará las disposiciones en materia de Defensa Civil, dispondrá el alistamiento de la población o de determinados sectores de la misma para integrarse a la Defensa Civil del País, en cualquier momento cuando sea requerido, todos los habitantes del país deberán participar en las actividades de la Defensa Civil, sin excepción.

Posteriormente en agosto de 1979, la Comisión Nacional de Defensa Civil pasó a formar parte integrante del Consejo Nacional de Seguridad y Defensa, y adecua su integración y funciones a la Organización de la Administración Pública Central, la cual había sido modificada, quedando integrada por el Ministro de Relaciones Interiores, quien la preside, y de los Ministros de la Defensa, Transporte y Comunicaciones, de Sanidad y Asistencia Social, de Agricultura y Cría, del Ambiente y de los Recursos Naturales Renovables y de la Juventud.

Así mismo en mayo de 1980, se estableció una modificación del estatuto de la Fundación: Fondo de Seguridad Social (FUNDASOCIAL), la cual tendrá por objeto: la realización de los principios de solidaridad social en cuanto a la asistencia y bienestar del pueblo, y especialmente la recaudación de fondos que se destinarán a la prevención de calamidades y a la reparación de daños ocasionados por éstas conforme a los programas de la Dirección de Coordinación de Defensa Civil del ministerio de Relaciones Interiores, así como la promoción y funcionamiento de programas para la población de escasos recursos, el mencionado fondo , es modificado en octubre de 1986, estableciendo las labores de adiestramiento de personal para la defensa civil, que venía desarrollando la Fundación, serían efectuadas a partir de la promulgación del presente decreto por la Dirección de Defensa Civil de la Dirección General Sectorial de Política Interior del Ministerio de Relaciones Interiores.

Al mismo tiempo el Instructivo Presidencial Nro. 08 del 23 Oct. 1986, el cual contemplaba el empleo unificado de las Fuerzas Armadas y organismos civiles en caso de ocurrir movimientos sísmicos que ocasionara graves daños, específicamente en el área del Distrito Federal y Estado Miranda.

Según Guevara, J. y Jiménez E.(1997, p. 1) en su obra Protección Civil, Seguridad y Defensa, hacen referencia de que La Defensa Civil moderna, surge como consecuencia de la guerra en algunos países, siendo Inglaterra, el primer país en implementarla, antes de 1935, convirtiéndose en una necesidad durante al segunda guerra mundial, el efecto devastador de las nuevas armas empleadas por Alemania contra Inglaterra, especialmente, causó daños de tal magnitud y de una manera súbita, que los medíos tradicionales empleados para atender calamidades en tiempo de paz fueron rebasados totalmente, hace mención que el ataque a la ciudad de Londres con los medios aéreos convencionales y con los cohetes V-1, V-2, para destruirla e incendiarla, tenía el objetivo de quebrar la moral y el espíritu de lucha del pueblo inglés, sembrando el pánico en la ciudadanía, sin embargo, ante tal situación se organizaron cuadrillas de voluntarios civiles con el objeto de reforzar a los bomberos y demás organizaciones existentes para e] socorro y salvamento, incluso para actuar donde éstos no podían llegar por falta de tiempo y de recursos.

Pero además de apagar incendios, esas cuadrillas de voluntarios, los HOME GUARDS, como se les llamó inicialmente, hacían largas horas de guardia en las azoteas de los edificios con el objeto de avisar con antelación la presencia de los aviones enemigos o cohetes y de esa manera disponer de suficiente tiempo para escapar de los efectos directos de]as bombas, además colaboraban en el manejo y control de refugios, conducción de ambulancias, esta organización surgida de la imperiosa necesidad de sobrevivir, fue regulada su existencia por el Consejo de Defensa 1940, convirtiéndola en un ente integrante de la Defensa Nacional.

Así mismo refieren que en Francia, la defensa civil tuvo su origen en los MAQUIS, denominación de la resistencia francesa durante la Segunda Guerra Mundial y protectores de la población ante los desmanes realizados por el ejército de ocupación contra los franceses, en otros países, Chile, por ejemplo el origen de la defensa civil, en la época señalada de la segunda guerra mundial, no obedeció a circunstancias de orden bélico, sino a la alta incidencia de desastres de origen natural: terremotos, inundaciones, actividades volcánicas, etc., las cuales dadas la magnitud y gravedad de sus efectos hacían perentoria y obligada la participación organizada de todos o en gran parte los recursos de la nación, disponibles para restablecer la normalidad, le corresponde a Chile ser de los primeros países de haber conceptuado una organización de defensa civil con criterio moderno.

Es importante resaltar que le correspondió al fallecido John F. Kennedy, cuando el 25 de mayo de 1961, al presentar un mensaje al Congreso, les urgía delimitar el rol de la Defensa Civil "en la era nuclear", lo relevante de este hecho es que la legislación americana delimitó dos puntos fundamentales: La prevención como factor primordial de la acción de la defensa civil y la segunda la implementación para ser aplicada en todo tiempo y circunstancia, lo que permitirá posteriormente la creación de la F.E.M.A (Federal Emergency Management Agency), es decir la agencia federal de manejo de desastres.

La mayoría de los Estados del mundo han creado organizaciones de Defensa Civil y Protección Civil, observándose variantes en sus estructuras organizativas acordes con la idiosincracia, costumbres, tradiciones y sistemas políticos, pero en general mantienen una función común a todas ellas, como lo es el de la protección de la vida y propiedades del no beligerante en la guerra y de toda la población en casos de desastres naturales como aquellos producidos por la mano del hombre.

Algunas de las modalidades de las organizaciones de defensa civil de las naciones, se establecen en base al ente gubernamental al cual están adscritos, así como por ejemplo en Italia existe un Ministerio de Protección Civil, en Rusia tienen igual nivel jerárquico que los diferentes Comandantes de las Fuerzas Armadas; las más comunes son las adscripciones a los Ministerios del Interior (Perú, Francia, Colombia, Nicaragua). Existiendo excepciones como en Irlanda, donde depende del Ministro de Justicia y Salud, en República Dominicana depende del Presidente, en Inglaterra del Ministerio de Policía, en Bélgica del Rey, y en Ecuador del Consejo Nacional de Seguridad (CONASE).

El Sistema Nacional de Protección Civil de la República de México(l 986), prevé que el Estado tiene la obligación de proteger la vida, la libertad, las propiedades y derechos de todos los ciudadanos, por consiguiente una de las primeras e ineludibles tareas, es la permanente necesidad de protección a los ciudadanos frente a los peligros y riesgos de desórdenes o trastornos provenientes de elementos, agentes o fenómenos naturales o humanos, que puedan dar lugar a desastres, con la trágica e irreparable pérdida de vidas humanas, la destrucción de bienes materiales, el daño a la naturaleza y a la interrupción de la vida urbana.

Para la Dirección General de Protección Civil de España, la Protección Civil consiste en la protección física de las personas y de los bienes, en situación de grave riesgo colectivo, calamidad pública o catástrofe extraordinaria, en que la seguridad y la vida de las personas y de los bienes, en situación de grave riesgo colectivo, calamidad pública o catástrofe extraordinaria, en la que la seguridad y la vida de las personas pueden peligrar y sucumbir masivamente.

Por otra parte para la República de Panamá de acuerdo a la Ley 22 del 15 Nov 82, la Protección Civil tiene como objetivo la protección de las poblaciones y bienes de la República, con el mínimo de pérdidas humanas, materiales o naturales; es un servicio público que atribuye o reconoce competencias en la División Político Administrativa del país, y que no es una ley de traspaso o transferencia de competencia.

El desastre se puede definir como el evento concentrado en tiempo y espacio, en el cual la sociedad o una parte de ella sufre un daño severo y pérdidas para sus miembros, de tal manera que la estructura social se desajusta y se impide el cumplimiento de las actividades esenciales de la sociedad, afectando el funcionamiento vital de la misma.

Por consiguiente de la necesidad de protección de la población respecto a los desastres surge el conjunto de acciones englobadas en la noción de protección civil, la cual constituye la respuesta a un conjunto de demandas estrechamente ligadas a las condiciones de vida de nuestra sociedad y responde a necesidades de seguridad frente a los azares de la vida y a los riesgos tanto de la vida misma como de los bienes materiales y del entorno natural.

Así mismo manifiesta Guevara, J. (1994, p.18), que La protección Civil es un elemento importante y forma parte de la organización social y de congruencia de la sociedad, y constituye un tarea indispensable, consciente, deliberada, global, y planificada para proteger, así como conservar al individuo y a la sociedad, la protección civil es una empresa compleja, amplia y ambiciosa de protección y conservación, en un marco de corresponsabilidad entre el Estado y la Sociedad. Esta tarea contempla al mismo tiempo la prevención de las condiciones de inseguridad y angustia, así como un aprendizaje de la participación de cada ciudadano en la vida pública.

Según la quinta edición del diccionario Pequeño Larousse, (p.829) Protección Civil es la organización que reglamenta y coordina la protección de personas y sus bienes, en caso de guerra o de calamidades públicas, para evitar o reducir los riesgos y los daños, tiene como misión reglamentar y coordinar la protección de las personas y sus bienes, en caso de guerra o de calamidades públicas, todo esto con el fin de preservar sus vidas y sus bienes.

En Venezuela, los desastres están a la orden del día, inundaciones, enfermedades, fallas en los servicios básicos que de una u otra forma afectan el bienestar de los habitantes.

Antecedentes empíricos de la investigación indican que existen diferentes tesis de grado acerca de la defensa civil, entre ellas se mencionan:

La Defensa Civil y su importancia para la Seguridad y la Defensa Nacional, trabajo de investigación realizado por el Cnel (Gn) Teófilo Quijano Quintero (Julio 1975,P.3), el mismo hace referencia que la defensa civil como sistema debe contar con una organización permanente creada en tiempo de paz, no solamente para su utilización en emergencias y calamidades , sino también como previsión para un tiempo de guerra y pertenecerá al contexto de la Defensa Nacional Integral.

Así mismo el arquitecto Miguel Ángel Salvatierra Nieto (May 1988,p.12) su tesis de grado: Organización de un Sistema de Administración de Desastres y Defensa Civil, donde hace referencia de que es necesario el consenso político para lograr el desarrollo de una organización moderna y que se comience a prevenir los daños futuros que pudieran ocasionar los desastres naturales o producto de los conflictos bélicos.

Según William H. Newman (1986, p.89, ss) Editorial Deusto, aunque no se pueden evitar las emergencias y otras circunstancias en que es necesario una acción rápida, el ejecutivo no necesita sentarse y esperar una orden para actuar. Puede ser posible predecir, por ejemplo, con un mes de anticipación que hay una probabilidad del 50% de que una emergencia ocurra; entonces, sí el asunto es suficientemente importante pueden prepararse programas provisionales para ponerlos en práctica en cuanto a la emergencia ocurra, de no ocurrir la misma, el gasto de preparación de los mencionados planes puede considerarse como una prima de seguro, otro enfoque es desarrollar políticas, métodos, estándares y proce-dimientos que pueden ser rápidamente puestos en práctica en el momento apropiado por los servicios de incendios en los hospitales, sino también muchas empresas que se enfrentan a demandas irregulares de sus productos o a exigencias de servicios especiales de sus clientes, deben preparase para operar sobre estas El Ejecutivo que se encuentra con situaciones de emergencia debe emprender una acción rápida, pero esta acción puede resultar mejor si se planifica de antemano.

El Reglamento de Servicio del Ministerio del Ejército de los EE.UU en el 1(1964,f-79) hace referencia al empleo de los Recursos Militares en las 1es de Defensa Civil y establece sus Responsabilidades:

Coordinar el planeamiento y prestar ayuda militar a las autoridades civiles en las emergencias del país, Controlar el apoyo militar en tiempo de emergencia durante las operaciones de emergencia en el país, en donde las autoridades civiles no están en capacidad para operar sin este apoyo.

Así mismo establece las siguientes definiciones:

Emergencia en el país, éste término aplica a las emergencias que ocurran en los EE.UU. continentales, sus territorios y posesiones , y que afectan el bienestar público de la misma, como resultado de un ataque del enemigo, insurrección, disturbios civiles, temblores de tierra, incendios, inundaciones u otros desastres públicos o emergencias equivalentes, que ponen en peligro la vida y las propiedades o desorganizan los procesos usuales del gobierno.

La Cartilla de Defensa Civil de la República Argentina, expresa los siguientes conceptos: Autoprotección Organizada: Se entiende por autoprotección a la organización, previsión y ejecución de las medidas que adaptarán bajo su propia responsabilidad, las personas, familias, organismos públicos y los establecimientos de todo tipo, para su protección directa, el gobierno local, al movilizar y organizar sus recursos y facilidades para la defensa civil, debe asignar a los ciudadanos y a las organizaciones de la comunidad la máxima responsabilidad en lo que autoprotección se refiere.

En el escalón local la eficacia de la Defensa Civil en lo referente a la autoprotección, se hace efectiva en dos formas: Autoprotección Individual y Autoprotección Colectiva. La autoprotección individual: la unidad familiar constituye la base, en donde cada persona y su familia deben ser instruidas acerca de las medidas a ser adoptadas individual y grupalmente, en la autoprotección colectiva, a diferencia de la autoprotección individual, todas las comunidades locales o parte de estas, situadas en las zonas con riesgo de desastres deben crear una amplia y completa organización para la protección común y una metódica acción preventiva.

Así mismo es muy importante resaltar la importancia del presente trabajo de investigación, el cual tiene por fin dar a conocer cómo ha sido manejada la Protección Civil en el mundo y cómo ha sido manejada en nuestro país.

2.3 Reglamentación Internacional

2.3.1 La Organización Internacional de Protección Civil

La Organización Internacional de Protección Civil es una institución humanitaria intergubernamental y como todas las Organizaciones Internacionales de carácter universal , nació por un acuerdo unilateral entre Estados soberanos, cuya Constitución, data del 17 de octubre de 1966, y se halla debidamente registrada conforme al artículo 102 de la Carta de la O.N.U. en la Secretaría de las Naciones Unidas.

El preámbulo de su carta constitutiva establece:
" A fin de intensificar y coordinár a escala mundial el desarrollo y perfeccionamiento de la planificación, de los métodos y de los

medios técnicos que permitan prevenir y atenuar las consecuencias de las catástrofes naturales en tiempos de paz, o el empleo de las armas en tiempo de guerra, los Estados contratantes han redactado de común acuerdo la siguiente constitución.

Parte I, Institución.
Artículo Primero: La Organización Internacional de Protección Civil(llamada en adelante "La Organización") queda instituida: por la presente Constitución.

Parte ll, Finalidades.
Artículo Segundo: Las finalidades de la Organización son las siguientes:
- Establecer y mantener una relación estrecha con las organizaciones dedicadas a la protección civil y salvamento de personas y bienes;

- Promover el establecimiento y fomento de un organismo de protección civil en aquellos países en los que no existe, principalmente en los países en vías de desarrollo, y asistir a las autoridades nacionales, a petición de éstas, a crear y promover el organismo de protección y salvamento de personas y bienes;

- Establecer y mantener una colaboración efectiva con las instituciones especializadas, los organismos gubernamentales, las agrupaciones profesionales y demás organizaciones que se juzgue convenientes;

- Fomentar el intercambio de informaciones, experiencias e incluso de expertos entre los diferentes países, acerca de la protección y salvamento de personas y bienes.

- Proporcionar, a solicitud de los Estados miembros, la asistencia técnica apropiada, como planes de organización, instructores, expertos, equipos y material necesario.

- Establecer y mantener los servicios técnicos que se juzgue necesarios, inclusive los centros de documentación, de estudios, de investigación, de equipo, etc.

- Recopilar y difundir informaciones relativas a la prevención, protección e intervención contra los peligros que puedan amenazar a los núcleos de población como consecuencia de inundaciones, terremotos, aludes, grandes incendios, tempestades, roturas de embalses u otros cataclismos a consecuencia de la contaminación del aire o del agua, o a causa de ataques mediante artefactos modernos de guerra;

- Compilar y dar a conocer las labores, investigaciones, estudios y documentación especializada, relativos a la protección y salvamento de personas y bienes.

- Recoger y difundir informaciones acerca del equipo y material adecuados para la intervención contra los peligros enumerados en el párrafo anterior. Ayudar a los Estados miembros a crear en todos los pueblos una opinión pública bien informada en lo que atañe a la necesidad vital de la prevención, protección e intervención en caso de catástrofe.

- Estudiar y fomentar el intercambio de conocimientos y experiencias sobre las medidas prácticas que deben tomarse a fin de prevenir los daños que pudiera causar cualquier catástrofe;

- Contribuir a intensificar en caso de graves catástrofes, los esfuerzos realizados por los diversos organismos y agrupaciones de salvamento y de socorro;

- Tomar iniciativas de intervención necesaria en zonas devastadas y ayudar a organizar los socorros en casos de catástrofes de gran envergadura; Estudiar y difundir los conocimientos necesarios para la instrucción, formación y equipo de los dirigentes y personal de los organismos especializados en la protección y salvamento de personas y bienes; Estimular las investigaciones en el campo de la protección y salvamento de personas y bienes, mediante la información, la publicación de estudios o cualquier otro medio apropiado.

Parte III, Miembros.

Artículo Tercero: La calidad de miembro de la Organización es accesible todos los Estados.

Artículo Cuarto: Los Estados pueden llegar a ser miembros de la Organización aceptando esta Constitución de conformidad a las disposiciones de a parte XV y de acuerdo con sus respectivos procedimientos constitucionales.

Artículo Quinto: Sí un Estado miembro no cumple con sus obligaciones financieras con la Organización, o falta de cualquier otra manera a las obligaciones que le impone la presente Constitución, la Asamblea general puede suspender, por resolución, a dicho Estado miembro en el ejercicio de sus derechos y del goce de sus privilegios como Miembro de la Organización hasta que haya cumplido dichas obligaciones, ya sean financieras o de otra índole.

Artículo Sexto: Todo Miembro puede retirarse de la Organización, avisando por escrito con doce meses de anticipación al Secretario General de la Organización, quien informará inmediatamente a todos los Miembros de la misma.

Parte IV, Órganos.

__Artículo Séptimo:__ El funcionamiento de la Organización corre a cargo de:
- La Asamblea General
- El Consejo Ejecutivo
- La Secretaría

__Artículo Décimo:__ La Asamblea se reúne en sesión ordinaria con un intervalo no superior a dos años, y en sesión extraordinaria cuando las circunstancias lo exijan. Las sesiones extraordinarias serán convocadas a solicitud del Consejo o de la mayoría de los Estados Miembros.

__Artículo Décimo Primero:__ En cada sesión ordinaria, la Asamblea designará el país en el que se celebrará la siguiente sesión ordinaria; el Consejo fijará posteriormente el lugar en que se celebre cada sesión extraordinaria.

__Artículo Décimo Segundo:__ La Asamblea elegirá un Presidente y un Vicepresidente, así como los demás miembros de su Oficina, al principio de cada sesión ordinaria. Estos permanecerán en sus cargos hasta que se elijan sus sucesores.

__Artículo Décimo Tercero:__ La Asamblea adoptará su propio Reglamento interno.

__Artículo Décimo Cuarto:__ Aparte de las atribuciones que le confieren los restantes artículos de la presente constitución, la Asamblea tendrá las siguientes funciones:

- Determinar las medidas de carácter general, a fin de alcanzar las finalidades de la Organización según están enunciadas en el artículo segundo.

- Elegir los Estados que hayan de designar a un representante en el Consejo; Elegir el Secretario General;

- Dar instrucciones al Consejo y crear todas las comisiones necesarias para desarrollar las actividades de la Organización.

- Vigilar la política financiera de la Organización, examinar y aprobar su presupuesto.

La OIPC tiene la responsabilidad de promover, en el plano internacional, la protección y la seguridad de las personas y los bienes frente a todo tipo de catástrofes, y agrupa en su seno a las autoridades nacionales encargadas de aplicar tales medidas.

Constituyen una plataforma en la que los profesionales que trabajan en este sector tanto de los países industrializados como en vías de desarrollo, pueden intercambiar conocimientos y experiencias con objeto de elevar al mayor nivel posible la preparación del individuo y de la colectividad enfrentados al accidente más corriente o al desastre más grave.

La cooperación técnica que la OIPC practica con sus Estados Miembros o que estimula entre ellos, en el plano internacional y regional, consiste en primer término en fomentar la instalación, y el fortalecimiento y el desarrollo de los organismos nacionales de Protección Civil, y en facilitar su asistencia para la ejecución de sus actividades, tales como:

- La prevención y la intervención en casos de accidentes o catástrofes.

- La mejora de los conocimientos de la población sobre los riesgos que pueden amenazarla.

- La formación de dirigentes y de personal de protección e intervención.

- La coordinación y el progreso de las investigaciones sobre los medios de protección.

- La planificación y ejecución de programas de seguridad de la población.

El amplio sector en el que se ejerce la acción de la OIPC comprende actividades muy variadas:

- Formación del personal de la Protección Civil.

- Preparación y difusión de documentos técnicos básicos y de referencia para facilitar del mejor modo, las actividades de los organismos nacionales.

- Búsqueda, compilación y registro de las publicaciones editadas en el mundo sobre las disciplinas comprendidas en la Protección Civil.

- Desarrollo de la enseñanza del socorrismo, la lucha contra incendios, el salvamento, etc. desde la escuela hasta la enseñanza superior y especializada.

- Fomento de la especialización de los médicos en el cuidado intensivo de los heridos en masa(medicina para casos de catástrofes).

- Planificación, organización y realización de la Protección de establecimientos(industrias, comercios, administraciones, edificios abiertos al público, inmuebles de alturas elevadas).

- Estudios de riesgos específicos tales como los de inundaciones, terremotos, huracanes, deslizamientos de terreno, avalanchas, epidemias, explosiones y contaminaciones; incendios en los inmuebles de altura elevada; fuegos de hidrocarburos.

- Organización de la asistencia regional en casos de catástrofes.

- Colaboración con otros organismos e instituciones de fines análogos.

Existen además otros sectores de la vida en los que es indispensable la cooperación internacional para lograr una mejor protección de las poblaciones y en los que la OIPC interviene activamente: investigaciones sobre criterios de calidad y eficacia para los equipos de protección e intervención con vistas a su homologación ulterior; normalización de los procedimientos de intervención en caso de accidente; aplicación de los convenios y acuerdos internacionales relativos a la seguridad de la población civil; acopio y difusión de datos estadísticos sobre la protección y la seguridad de las poblaciones.

Los antecedentes de la OIPC, se encuentran en la iniciativa del médico francés George Saint Paul, cuando fundó en París la "Asociación de Lugares de Ginebra". Estos "Lugares de Ginebra", ciudad del Fundador de la Cruz Roja y sede de las Naciones Unidas para la época consistía en zonas neutralizadas o ciudades abiertas que facilitarán a la población civil protección y refugio durante la guerra, con especial referencia a los inválidos, enfermos, niños, mujeres y ancianos.

En 1937, la Asociación se traslada de París a Ginebra y se transforma en la "Asociación Internacional para la Protección de las Poblaciones Civiles y de los Monumentos Históricos en tiempos de guerra"; muerto Saint Paul en 1937, es el suizo Henry George quien la va a dirigir. En 1947, Henry George publica un libro titulado "La Guerra Moderna y la Protección Civil", editado por "La Secretaría General de los lugares de Ginebra, Zonas Blancas, Asociación Internacional para la Protección de las Poblaciones Civiles y de los

Monumentos Históricos en tiempos de guerra o de Conflictos Armados", en donde se expresa la nueva filosofía de esta Asociación.

En 1951, el Doctor Milan Bodi sucede a Henry George como Secretario General, en 1954 en Berlín, se reúne una conferencia internacional sobre zonas neutrales y ciudades abiertas; y es considerada ésta como "la I Conferencia de Protección Civil".

En Julio de 1956 el "Boletín de Información de los Lugares de Ginebra" cambió su título por el de "Protección Civil", en 1957 en Florencia se convoca la 2da Conferencia de Protección Civil y es en el año 1958 cuando la "Asociación Internacional de los Lugares de Ginebra", sociedad de carácter privado, se transforma en la Organización Internacional de Protección Civil (OIPC), abierta a la participación de todos los gobiernos.

La OIPC con sede en Ginebra tiene la responsabilidad de promover, en el plano internacional, la protección y la seguridad de las personas y los bienes frente a todo tipo de catástrofes, y agrupa en su seno a las autoridades nacionales encargadas de aplicar tales medidas.

Constituye una plataforma en la que los profesionales que trabajan en este sector, tanto de los países industrializados como en desarrollo, pueden intercambiar conocimientos y experiencias con objeto de elevar al mayor nivel posible la preparación del individuo y de la colectividad enfrentados al accidente más corriente o al desastre más grave.

La cooperación técnica que la OIPC practica con sus Estados Miembros o que estimula entre ellos, en el plano internacional y regional, consiste en primer término en fomentar la instalación, el fortalecimiento y el desarrollo de los organismos nacionales de Protección Civil, y en facilitar sus asistencia para la ejecución de sus actividades.

2.3.2 La Reglamentación de la Protección Civil en España

España publicó en el Real Decreto 1378/1985 las medidas provisionales para la actuación en situaciones de emergencia en los casos de grave riesgo, catástrofe o calamidad pública.

La Ley 2/1985 del 21 de enero, configura a la Protección Civil como un servicio público cuya competencia se atribuye a la Administración Civil del Estado, y en los términos establecidos en la misma, a las demás Administraciones públicas.

El desarrollo de las previsiones normativas contenidas en la mencionada ley requiere, por la complejidad de la materia, la aprobación de un Reglamento General conteniendo las normas comunes del nuevo sistema y, así mismo, diversas disposiciones especiales para regular aspectos específicos del mismo.

Teniendo en cuenta, además, las características concurrentes en las situaciones de emergencia y la posibilidad de que se produzcan en diversas áreas del territorio nacional, la disposición transitoria de la mencionada Ley, faculta al gobierno para dictar las medidas necesarias hasta que se promulgue la norma básica para la elaboración de los planes territoriales y especiales de intervención en emergencias y se acuerde su homologación por los órganos competentes en cada caso. En su virtud a propuesta del Ministro del Interior, de acuerdo con el Consejo de Ministros en su reunión del día 31 de julio de 1985.

Artículo 1: El presente Real Decreto tiene por objeto establecer las medidas provisionales necesarias para la actuación de los órganos y autoridades competentes en los casos de grave riesgo, catástrofe o calamidad pública que puedan producirse hasta que se aprueben y homologuen los planes a que se refiere el artículo 8 de la Ley 2/1985, del 21 de enero sobre Protección Civil.

Artículo 2: Sin perjuicio de las funciones previstas en la Ley 2/1985, del 21 de enero, corresponde a la Protección Civil, asegurar la realización de cuantas actuaciones contribuyan a evitar, controlar y reducir los daños causados por las situaciones de emergencia, mediante:

- La articulación de un sistema de transmisiones que garantice las comunicaciones entre servicios y autoridades.
- La información a la población.
- La protección en la zona siniestrada de las personas y de los bienes que puedan resultar afectados.
- El rescate y salvamento de personas y bienes.
- La asistencia sanitaria a las víctimas.
- La atención social a los damnificados.
- La rehabilitación inmediata de los servicios públicos esenciales.

Artículo 3: De conformidad con lo establecido en el artículo 2, la competencia corresponde a la Administración Civil del estado y, en los términos establecidos en la misma, a las demás Administraciones públicas. La actuación en materia de Protección Civil corresponderá a las Entidades que seguidamente se enumeran cuando sus recursos y servicios sean inicialmente suficientes para hacer frente a la respectiva emergencia:

• El Municipio
• Las Entidades supramunicipales o insulares
• La provincia
• Las Comunidades Autónomas
• El Estado, con el Ministro del Interior, asistido por la Comisión Nacional de Protección Civil y la Dirección Nacional de Protección Civil.

Artículo 4: Las actuaciones de prevención y control de emergencias se llevarán a cabo de acuerdo con las previsiones contenidas en los planes territoriales y especiales de Protección Civil, confeccionados anteriormente por los Ayuntamientos y los Gobiernos Civiles o de acuerdo con las disposiciones que en cada caso adopten los órganos o autoridades competentes.

La programación de las actuaciones coordinadas de las distintas Administraciones públicas, relacionadas con la Protección Civil, se realizará, siempre que sea posible, en el marco de la Comisión Nacional de Protección Civil y de la Comisión de Protección Civil de la Comunidad Autónoma respectiva, sin perjuicio de las relaciones directas entre los órganos de las mismas cuando lo requieran situaciones extraordinarias. Asegurar la necesaria coherencia en la actuación de la Administración Civil del Estado y de las Comunidades Autónomas.

Artículo 5: La dirección y coordinación de las actuaciones relacionadas con la Protección Civil, en situaciones de emergencia, corresponderá a los Alcaldes, siempre que la emergencia no rebase el respectivo término municipal. A los Gobernadores civiles o delegados del Gobierno en las Comunidades Autónomas uniprovinciales, a los Delegados del Gobierno, al Ministro del Interior o a la persona que, en su cargo, designe el Gobierno.

Artículo 6: Para la prevención y el control de las situaciones de emergencia que se produzcan se utilizarán los medios públicos y, en su caso, privados, que las circunstancias requieran en cada caso, según las previsiones establecidas en los planes que sean de aplicación y, en su defecto, exclusivamente los que se determinen por el órgano o la autoridad competente.

La requisa temporal de todo tipo de bienes, así como la intervención y ocupación transitoria de los que sean necesarios, se llevará a cabo de conformidad con lo dispuesto en la legislación vigente en la materia. La determinación de los recursos movilizables en emergencia comprenderá la prestación personal, los medios materiales y las asistencias técnicas que se precisen, dependientes de las Administraciones públicas o de las Entidades privadas, así como de los particulares.

Para el empleo de bienes privados se tendrá en cuenta, en todo caso, no sólo lo dispuesto en el apartado tercero del presente artículo, sino también el principio de la proporcionalidad entre la necesidad que se pretende atender y el medio que se considere adecuado para ello. El empleo de los recursos aludidos se harán escalonadamente, otorgándose prioridad a los disponibles en el ámbito territorial afectado. Así mismo se otorga prioridad a los recursos públicos respecto de los privados.

Quienes, como consecuencia de estas actuaciones, sufran perjuicios en sus bienes tendrán derecho a ser indemnizados de acuerdo con lo dispuesto en las Leyes, los diversos Servicios de la Administración del Estado y de sus Organismos autónomos, al amparo de lo dispuesto en los artículos 27 de la Ley de Contratos del Estado y 391 de su Reglamento, expedirán los librados que procedan, con base exclusiva en la Orden de la Autoridad competente, notificada al Consejo de Ministros y completada, siempre que sea posible, con los documentos que permitan la determinación del gasto correspondiente.

Artículo 8: El mando único será atribuido a la autoridad o persona más idónea en cada caso, por las competencias que tenga atribuidas, la proximidad territorial del siniestro, la especialidad dé su preparación en relación con las características del mismo y sus posibilidades de disponer con mayor facilidad de medios para realizar la coordinación sobre la que recaerá la responsabilidad de la dirección inmediata del conjunto de las operaciones emprendidas.

El Mando único podrá ser asumido por el Gobernador civil o pro el Delegado del Gobierno, cuando en la intervención de la zona siniestrada concurran medios del Estado y de las demás Administraciones públicas y lo aconsejen las características de una determinada emergencia o la evolución de la misma. Quien ejerza el Mando único constituirá de inmediato en la zona de emergencia el puesto de Mando básico al que se incorporarán los Jefes, Directivos y responsables de los distintos Servicios actuantes. También se incorporarán, si procede, los componentes de la Comisión de Protección Civil, constituida por la Administración pública correspondiente al ámbito territorial afectado por la emergencia, a fin de asegurar la necesaria coordinación y disponer de la información esencial sobre el desarrollo conjunto de las operaciones.

Podrá asignarse un Director Técnico y los Asesores adecuados y un responsable de apoyo logístico, con funciones de evaluación sobre la marcha de las operaciones y las necesidades que vayan surgiendo respecto a medios de apoyo. Cuando las circunstancias lo requieran se podrán constituir puestos de Mando de sector o de zona en los emplazamientos que se consideren idóneos en el área siniestrada.

El Mando único permanecerá en relación directa con los Organismos, Centros y dependencias que puedan facilitar información y asesoramiento y mantendrá informado de la evolución de la emergencia al Centro de Coordinación Operativa constituido en la sede de la autoridad competente. Se restringirá con rigor el acceso y permanencia en la zona siniestrada y especialmente en los puestos de Mando. Así mismo, se dispondrá en éstos, siempre que sea posible, de espacios esenciales para la actuación de las transmisiones en emergencias y de los medios de comunicación social.

Artículo 9: La intervención de las Fuerzas y Cuerpos de Seguridad del Estado, se producirá, salvo en Las emergencias imprevistas, de acuerdo con lo establecido en el correspondiente plan. La integración de los Jefes o responsables de estas Fuerzas y Cuerpos en el Mando único o en los puestos de Mando constituidos se solicitará del Gobernador civil o del Delegado del Gobierno respectivo.

No obstante, cuando la actuación de las Fuerzas y Cuerpos de Seguridad en situaciones de emergencia de Protección Civil esté prevista en sus normas constitutivas o cuando circunstancias de notoria urgencia lo requieran, su intervención será dispuesta por sus Mandos naturales, por propia iniciativa o a requerimiento de la autoridad local correspondiente.

La intervención de unidades especiales de rescate y salvamento dependientes de las Fuerzas y Cuerpos de Seguridad del Estado será interesada por el Gobernador Civil y, en caso de notoria urgencia, por sus Mandos naturales, de la Dirección General de que dependen en cada caso. Los Cuerpos de Policías autónomas y locales, excepto en situaciones imprevistas, intervendrán en las emergencias dentro del ámbito territorial en que estuviesen destinadas, a requerimiento de la autoridad competente o de la persona que asuma el Mando único de las operaciones y coordinarán sus actuaciones con las Fuerzas y Cuerpos de Seguridad del Estado, de acuerdo con lo establecido en el plan correspondiente o en las directrices que para la intervención dicten los órganos competentes.

Artículo 10: La colaboración de las Fuerzas Armadas en la prevención inmediata y en el control de las situaciones de emergencia será solicitada por el Ministro del Interior o por el Ministro de la Defensa, sí la autoridad local no tuviera posibilidad de comunicarse con el Gobernador Civil, y si éste no tuviere la posibilidad de comunicarse con el Ministro del

Interior, o si las circunstancias de los hechos no admiten demora, dichas autoridades podrán recabar directamente de las autoridades militares correspondientes la colaboración de unidades militares, prevista o no con anterioridad. Tan pronto como sea posible, las autoridades civiles y militares informarán a sus superiores jerárquicos de las decisiones adoptadas.

La colaboración de las Fuerzas Armadas será requerida cuando la gravedad de la situación de emergencia lo exija. Las Unidades de las Fuerzas Armadas, que actuarán, en todo caso, encuadradas y dirigidas por sus Mandos naturales, colaborarán de conformidad con lo dispuesto en el Decreto 1125 del 8 de abril de 1976, sobre colaboración de las autoridades militares con las gubernamentales en estados de normalidad y excepción.

2.3.3 Reglamentación de Protección Civil en México

Decreto por el cual se aprueban las bases para el establecimiento del Sistema Nacional de Protección Civil, por acuerdo de fecha 9 de octubre de 1985. se creó el Comité de Prevención de Seguridad Civil, para que en el marco del Sistema Nacional de planeación democrática, auxiliará a la Comisión Nacional de reconstrucción como órgano encargado de estudiar y proponer todas las acciones relativas a la seguridad, participación y coordinación de la acción ciudadana, en caso de desastre; que en el acuerdo mencionado se estableció como una de las funciones del Comité de Prevención de Seguridad Civil, llevar a cabo estudios, análisis e investigaciones que con base en la tecnología disponible y en las experiencias obtenidas, permitirán planear, organizar y establecer un Sistema Nacional de Protección Civil, que garantizará la adecuada predicción, prevención, protección y auxilio de la población ante situaciones de grave riesgo colectivo o desastre, incorporando la participación de la sociedad civil; que el Comité de Prevención de Seguridad Civil acordó la creación de nueve subcomités, para abrir la participación de partidos políticos, organismos públicos, sociales y privados; asociaciones, Institutos de investigación y docencia; Colegios de Profesionales, Especialistas en las distintas disciplinas relacionadas con la seguridad civil y, en general a la ciudadanía, para que dieran lo mejor de sus conocimientos y experiencia para sentar las bases sobre las cuales pudiera apoyarse la conformación del Sistema Nacional de Protección Civil; que como resultado de las tareas encomendadas al Comité de Prevención de Seguridad Civil, fueron elaboradas y sometidas al Ejecutivo las bases para el establecimiento del Sistema Nacional de Protección Civil; que es deber primordial del Estado proteger la vida, la libertad y los bienes materiales de los ciudadanos y mantener en permanente estado de operación las funciones esenciales de la sociedad; para lo cual es indispensable establecer los sistemas y programas que permitan su cumplimiento.

El Sistema Nacional de Protección Civil es un instrumento eficaz para el logro de la conservación de cada mexicano, de su integridad física, posesiones y derechos, mediante un conjunto organizado y sistemático de estructuras y acciones que realicen los sectores público, social y privado para prevenir, controlar o disminuir los daños que puedan ocasionar los desastres que la sociedad mexicana deba afrontar en el futuro; que las bases para el establecimiento del Sistema

Nacional de Protección Civil y el programa que contienen, requieren que la Administración Pública Federal realice acciones tendentes a lograr la protección civil de la sociedad mexicana, y que dichas acciones se realicen en forma coordinada con los Gobiernos de los Estados, y a través de éstos con los Municipios, y contemplan la promoción de acciones concertadas con los sectores social y privado, para le pronto establecimiento del Sistema Nacional de Protección Civil, que en virtud de las consideraciones anteriores y en los términos de la Ley de planeación, ha tenido a bien expedir el siguiente Decreto:

Artículo Primero: Se aprueban las bases para el establecimiento del Sistema Nacional de Protección Civil y el Programa de Protección Civil que las mismas contienen, como instrumento para el cumplimiento del Plan Nacional de Desarrollo 1983-1988.

Artículo Segundo: Las bases y el programa que se aprueban son de observancia obligatoria para las dependencias de la Administración Pública Federal, en el ámbito de su respectiva competencia y, conforme a las disposiciones legales aplicables, lo serán también para las entidades de la Administración Pública Federal.

Artículo Tercero: Corresponde a la Secretaría de la Gobernación la coordinación de las acciones que en el ámbito de la Administración Pública Federal deban realizarse para la adecuada y oportuna integración del Sistema Nacional de Protección Civil y su funcionamiento.

Artículo Cuarto: En el marco de los convenios únicos de desarrollo, se propondrá a los gobiernos de los Estados la ejecución de las acciones que a cada ámbito de Gobierno corresponda, con la participación de los Municipios, tendentes a establecer Sistemas Estatales y Municipales de Protección Civil vinculados al Sistema Nacional.

Artículo Quinto: Conforme a las disposiciones de la Ley de Planeación y en el marco del Sistema Nacional de Planeación Democrática, la Secretaría de Gobernación, con la participación que corresponda a las secretaría de programación y presupuesto, promoverá y coordinará la concertación de acciones con los sectores social y privado; para el logro del establecimiento del Sistema Nacional de Protección Civil y de los objetivos y metas que se señalen en el programa correspondiente.

Artículo Sexto: La Secretaría de la Gobernación inducirá las acciones de los sectores social y privado en materia de Protección Civil, para ello aplicará los instrumentos de política que sean de su competencia de acuerdo con los objetivos, prioridades y metas previstos en el sistema y en el programa, y en congruencia con lo señalado en el Plan Nacional de Desarrollo, igualmente las demás dependencias de la Administración Pública Federal, en el ámbito de sus respectivas atribuciones observarán lo previsto en el presente artículo.

Artículo Séptimo: Las Secretarías de Hacienda y Crédito Público y de Programación y Presupuesto, en los términos de las Leyes aplicables y dentro de la esfera de sus respectivas atribuciones, proyectarán los recursos financieros y presupuéstales necesarios para el eficaz cumplimiento de los objetivos del Sistema y del Programa, en congruencia con las prioridades del Plan Nacional de Desarrollo y en el contexto de la programación anual del gasto público.

Artículo Octavo: La Secretaría de Gobernación, con la intervención que corresponda a la Secretaría de Programación y Presupuesto, verificará periódicamente y evaluará el avance del Programa, los resultados de su ejecución y su incidencia en la consecución de los objetivos y prioridades del Plan Nacional de Desarrollo y realizará las acciones necesarias para corregir las desviaciones que se detecten y proponer, en su caso, las reformas que requiera el programa mencionado.

Artículo Noveno: Sí de las verificaciones a que se refiere el artículo anterior se observaren hechos que contravengan las disposiciones de la Ley de Planeación, los objetivos y prioridades del Plan Nacional de Desarrollo y lo previsto en este Decreto, se procederá a fijar las responsabilidades a que haya lugar, en los términos de la propia Ley de Planeación y de la Ley Federal de responsabilidades de los servicios públicos.

Artículo Décimo: La Secretaría de la Contraloría General de la Federación vigilará el cumplimiento de las obligaciones derivadas de las disposiciones contenidas en este decreto.

2.3.4 Reglamentación de Protección Civil en República Dominicana

Proyecto de Ley de Secretaría de Protección Civil (S.P.C), Considerando:

Que la Protección Civil constituye una función pública para responder a los intereses generales de la comunidad nacional y, su regulación corresponde al estado, el cual es su deber crear una Institución con nivel de competitividad que demandan los nuevos tiempos, garantizando una verdadera protección ciudadana.

Que los niveles de Protección Civil con que cuenta la República Dominicana, en estos momentos son inadecuados, por lo que se hace necesario disponer de un nuevo marco legal, que no sólo regule sus actividades, sino que se dirija el desarrollo de la Protección Civil de cara a los retos y desafíos de la globalización y la integración, procesos estos que involucran necesariamente, todas las naciones del mundo.

Que el país está sometido a diferente amenazas de origen natural o tecnológico, complejos y/o espaciales tales como huracanes, inundaciones, sismos, sequía, deslizamientos, incendios y explosiones, etc.

Que es imperativo recopilar en un solo instrumento legal todas las instituciones que están ligadas al quehacer de los servicios civil, como forma de brindar una mejor protección nacional.

Que hoy más que nunca se exige la protección de la vida de los seres humanos, promoviendo la participación activa en la construcción de infraestructura que sea capaz de resistir a cualquier fenómeno natural, o situación difícil que se pueda presentar, matizando los perfiles situacional cercana o lejana, sin ignorar la realidad mundial.

Que la presente Ley tiene como propósitos, la reducción de vulnerabilidad, gestión de riesgo con la aplicación del ciclo de los desastres en sus diferentes tipos: naturales, tecnológicos, complejos y espaciales.

La Ley de la Secretaría de Estado de Protección Civil (S.P.C), permite crear la Secretaría de Estado de Protección Civil, la misma está compuesta por doce Capítulos con un total de cincuenta y ocho artículos, con jurisdicción Nacional, tendrá su oficina central y asiento principal en la Ciudad de Santo Domingo, Distrito Nacional, Capital de la República Dominicana, y en tal sentido establece la finalidad, los objetivos y valores de la misma, define principios básicos en los cuales se fundamenta, describe su estructura organizativa, establece los tipos de instituciones que dependen de ella a nivel Nacional y sus funciones básicas.

Artículo 47: Las sanciones por violación a la presente Ley, pueden ser penales o disciplinarias. Las penales se aplican a los que infrinjan la Ley y su Reglamento que a tal efecto se dictare, y la disciplinaria a los funcionarios y empleados de la Secretaría de Estado de Protección Civil.

Artículo 48: La aplicación de las sanciones penales a que se refiere la presente Ley y los reglamentos que dictare el poder Ejecutivo en materia de Protección Civil, estará a cargo de los juzgados de Paz en materia penal.

Artículo 49: Están sujetas a sanciones disciplinarias las faltas cometidas en relación con la aplicación de la presente Ley, por funcionarios y empleados siempre que concurran las circunstancias siguientes: Que la falta concierna a una actuación legal reglamentaria que deba ser realizada administrativamente. Que la actuación de que se trata esté encomendada al funcionario o empleado por disposición legal, reglamentaria o de carácter interno. Que no haya causa justificada en favor del funcionario(a) o empleado(a).

Artículo 50: Las sanciones disciplinarias contra los funcionarios y empleados de la Secretaría de Estado de Protección Civil (S.P.C), son aplicables por el Secretario de Estado de Protección Civil.

Artículo 56: La aplicación de la presente Ley estará a cargo de la Secretaría de Protección Civil (S.P.C), con la cooperación de los funcionarios de sus dependencias, de la Policía Nacional, las Fuerzas Armadas y otras instituciones afines.

2.4 Reglamentación Nacional
2.4.1 Marco Jurídico en Venezuela

Documento	Artículos
Constitución Nacional	Promulgada por la Asamblea Nacional Constituyente el 28/12/1999 Artículos: 3,127,128,129,134,135,156,178,326, 332,337,338.
Ley Orgánica de Régimen Municipal	Dictada en el año 1978, reformada parcialmente en el año 1984. Artículo: 36
Ordenanza del Distrito Sucre	Creación del Instituto Autónomo de Protección Civil. Gaceta Oficial del 29/12/89
Ley de la Asamblea Legislativa	Creación del Instituto Autónomo de emergencias y Defensa Civil. Gaceta Oficial del 27/12/96
Ordenanza Municipal sobre Protección Civil.	Publicada en Gaceta Oficial del Distrito Sucre Nro. 9-162 del 19/09/85.

Directiva EMC-ACEMC-01-84 del Ministerio de la Defensa.	Apoyo de las Fuerzas Armadas a las operaciones de Defensa Civil en caso de inundaciones, incendios, movimientos sísmicos, etc. del 19/07/86.
Creación de la Oficina de Investigación y Protección Civil del Concejo Municipal del Dtto Sucre.	Dirigir, coordinar y ejecutar los planes y programas de protección civil. Publicada el 02/01/81.
Ley Orgánica de Seguridad y Defensa	Publicada en Gaceta Oficial el 26/07/76
Reglamento de Servicio en Guarnición.	Vigente desde el: 02/01/68. Cooperación recíproca entre autoridades militares y civiles en caso de emergencia.

La Constitución de la República Bolivariana de Venezuela (1999) establece como principio fundamental en el Artículo 3: " El Estado tiene como fines esenciales la defensa y el desarrollo de la persona y el respeto a su dignidad, el ejercicio democrático de la voluntad popular, la construcción de una sociedad justa y amante de la paz, la promoción de la prosperidad y bienestar del pueblo y la garantía del cumplimiento de los principios, derechos y deberes consagrados en esta Constitución".

Este artículo hace referencia que son fines esenciales del Estado la defensa y el desarrollo de la persona, el respeto a su dignidad, debiendo velar por su bienestar, principios fundamentales de los venezolanos, para lo cual es importante disponer de una organización de protección civil.

Art. 127: "Es un derecho y un deber de cada generación proteger y mantener el ambiente en beneficio de sí misma y del mundo entero. Toda persona tiene derecho individual y colectivamente a disfrutar de una vida y de un ambiente seguro, sano y ecológicamente equilibrado. El Estado protegerá el ambiente, la diversidad biológica, genética, los procesos ecológicos, los parques nacionales y monumentos naturales y demás áreas de especial importancia ecológica.

Es una obligación fundamental del Estado, con la activa participación de la sociedad, garantizar que la población se desenvuelva en un ambiente libre de contaminación, en donde el aire, el agua, los suelos, las costas, el clima, la capa de ozono, las especies vivas, sean especialmente protegidas, de conformidad con la Ley".

La protección y mantenimiento del medio ambiente influye en forma directa sobre el bienestar individual y colectivo, el Estado cumple una función primordial en lo correspondiente a ésta área; pero se requiere la participación activa de todos los integrantes de la sociedad.

Art. 128: "El Estado desarrollará una política de ordenación del territorio atendiendo a las realidades ecológicas, geográficas, poblacionales, sociales, culturales, económicas, políticas, de acuerdo con las premisas del desarrollo sustentable, que incluya la información, consulta y participación ciudadana.

Una Ley orgánica desarrollará los principios y criterios del ordenamiento".

Para el eficiente y eficaz funcionamiento de una organización de protección civil, se requiere una adecuada ordenación del territorio, que en otras palabras se refiere a la distribución de la población en el territorio nacional, el cual debe hacerse en una forma ordenada y apropiada lo cual permite y facilita su funcionamiento. Así mismo el Estado promulgará una Ley orgánica de ordenación territorial.

Art. 129: "Todas las actividades susceptibles de generar daños a los ecosistemas deben ser previamente acompañadas de estudios de impacto ambiental y socio cultural. El Estado impedirá la entrada al país de desechos tóxicos y peligrosos, así como la fabricación y uso de armas nucleares, químicas y biológicas. Una ley especial regulará el uso, manejo, transporte y almacenamiento de las sustancias tóxicas y peligrosas.

En los contratos que la República celebre con personas naturales o jurídicas, nacionales o extranjeras, o en los permisos que se otorguen, que involucren los recursos naturales, se considerará incluida aun cuando no estuviera expresa, la obligación de conservar el equilibrio ecológico, de permitir el acceso a al tecnología y la transferencia de la misma en condiciones mutuamente convenidas y de restablecer el ambiente a su estado natural sí este resultara alterado, en los términos que fije la ley".

El uso apropiado, manejo, transporte y almacenamiento de sustancias tóxicas y peligrosas es una función principal de la organización de protección civil. También debe velar por el uso adecuado de los recursos naturales, y en casos de daños provocados a los mismos estos deberán ser informados a los organismos competentes para que se tomen las medidas correctivas.

Art. 134: "Toda persona, de conformidad con la ley, tiene el deber de prestar los servicios civil o militar necesarios para la defensa, preservación y desarrollo del país, o para hacer frente a situaciones de calamidad pública. Nadie puede ser sometido a reclutamiento forzoso"

Este artículo hace mención que la defensa del país es un deber tanto de las personas militares como de las personas civiles, lo cual está implícito en las organizaciones de protección civil, donde los primeros llamados a responder por las mismas son las personas civiles, ya que la protección civil debe partir inicialmente de cada uno de los individuos, expandirse a las comunidades y luego a la sociedad como un todo, en otras palabras todos los habitantes de nuestro país tienen el deber de prestar servicio civil o militar cuando sea requerido y también para hacer frente a las situaciones de calamidades públicas.

Art. 135: " Las obligaciones que correspondan al Estado, conforme a esta Constitución y a la ley, en cumplimiento del bienestar social general, no excluyen las que, en virtud de la solidaridad y responsabilidad social y asistencia humanitaria, corresponden a los particulares según su capacidad, la Ley proveerá lo conducente para imponer el cumplimiento de éstas obligaciones en los casos en que fuere necesario".

La protección civil está implícita en el contenido del presente artículo, en donde contempla que no sólo el Estado tiene obligaciones para el bienestar social también los particulares en forma individual y de acuerdo a su capacidad, la Ley velará por el cumplimiento de éstas obligaciones.

Art. 156: Es de la competencia del Poder Público Nacional: "El régimen de la administración de riesgos y emergencias". El Poder Público Nacional tiene entre otra de sus funciones el régimen de la administración de riesgos y emergencias, la cual es materia de protección civil.

Art. 178: Es de la competencia del Municipio:
"La protección del ambiente y cooperación con el saneamiento ambiental; aseo urbano y domiciliario, comprendidos los servicios de limpieza, de recolección y tratamiento de residuos y protección civil".

Dentro de las responsabilidades del gobierno municipal como organización política primaria dentro de la organización nacional, tiene entre otra de sus atribuciones velar por la protección civil, en el área bajo su jurisdicción.

Art. 326: " La seguridad de la Nación se fundamenta en la corresponsabilidad entre el estado y la sociedad civil para dar cumplimiento a los principios de independencia, democracia, igualdad, paz, libertad, justicia, solidaridad, promoción y conservación ambiental y afirmación de los derechos humanos, así como en la satisfacción progresiva de las necesidades individuales y colectivas de los venezolanos y venezolanas, sobre las bases de un desarrollo sustentable y productivo de plena cobertura para la comunidad nacional. El principio de la corresponsabilidad se ejerce sobre los ámbitos económico, social, político, cultural, geográfico, ambiental y militar.

Los principios y los derechos humanos en nuestro país estarán en todo momento orientados a la satisfacción de las necesidades individuales y colectivas; para ello se requiere la participación de todos los sectores, el Estado y la sociedad civil, sin discriminación de ningún tipo.

Art. 332: "El Ejecutivo Nacional, para mantener y restablecer el orden público, proteger al ciudadano o ciudadana, hogares y familias, apoyar las decisiones de las autoridades competentes y asegurar el pacífico disfrute de las garantías y derechos constitucionales, de conformidad con la ley organizará:

- Una organización de Protección civil y administración de desastres.
- Los órganos de seguridad ciudadana son de carácter civil y respetarán la dignidad y los derechos humanos sin discriminación alguna. La función de los órganos de seguridad ciudadana constituye una competencia concurrente con los Estados y Municipios en los términos establecidos en esta Constitución y la ley.

La carta magna contempla este tipo de organización, tal y como está funcionando en otros países, lo cual viene a permitir y facilitar los programas de organización, educación y prevención contra las emergencias y/o desastres bien sea natural o accidental. Así mismo es muy explícita al establecer las responsabilidades a los distintos niveles gubernamentales, los cuales deberán exigir y velar su fiel cumplimiento ajustado al estado de derecho. Esta organización contribuirá en forma directa a mantener y restablecer el orden público, brindar protección a la ciudadanía y apoyar las decisiones de las autoridades competentes.

Art. 337: "El presidente de la República, en Consejo de Ministros, podrá decretar los estados de excepción. Se califican expresamente como tales las circunstancias de orden social, económico, político, natural o ecológico, que afecten gravemente la seguridad de la Nación, de las instituciones y de los ciudadanos y ciudadanas, a cuyo respecto resultan insuficientes las facultades de las cuales se disponen para hacer frente a tales hechos. En tal caso, podrán ser restringidas temporalmente las garantías consagradas en esta Constitución, salvo las referidas a los derechos a la vida, prohibición de incomunicación o tortura, el derecho al debido proceso, el derecho a la información y los demás derechos humanos intangibles".

El Presidente de la República es la única autoridad con capacidad para decretar estados de excepción y deberá hacerlo en Consejo de Ministros y cuando se presenten las circunstancias previstas en la Ley, debiendo respetar todos los derechos humanos correspondientes.

Art. 338: "Podrá decretarse el estado de alarma cuando se produzcan catástrofes, calamidades públicas u otros acontecimientos similares que pongan seriamente en peligro la Seguridad de la Nación o de sus ciudadanos o ciudadanas. Dicho estado de excepción durará hasta treinta días, siendo prorrogable por treinta días más.

Podrá decretarse el estado de conmoción interior o exterior en caso de conflicto interno o externo, que ponga seriamente en peligro la seguridad de la Nación, de sus ciudadanos o ciudadanas o de sus instituciones. Se prolongará hasta por noventa días, siendo prorrogable hasta por noventa días más.

La aprobación de la prórroga de los estados de excepción corresponde a la Asamblea Nacional, una ley orgánica regulará los estados de excepción y determinará las medidas que pueden adoptarse con base a los mismos".

Podrá ser decretado el estado de alerta cuando se presenten catástrofes, calamidades públicas u otro tipo de acontecimientos que puedan afectar la seguridad de la Nación o de sus ciudadanos o ciudadanas, tendrá una duración de treinta días, pudiéndose prorrogar hasta por treinta días más.

En caso de estados de conmoción interna o extrema que ponga en peligro la seguridad de la Nación, de los ciudadanos o ciudadanas o de las instituciones, se prolongará por noventa días siendo prorrogable hasta por noventa días más, la aprobación de la prórroga es una función específica de la Asamblea Nacional. Una ley orgánica regulará los estados de excepción y determinará las medidas que pueden adoptarse en los mismos.

La Ley del Régimen Municipal publicada en la Gaceta Oficial Nro. 4109 Extraordinario del 15 de Junio de 1989) y su Reglamento parcial Nro. 1. Decreto Nro. 1297).

Título III

De la Competencia del Municipio

Art. 36: "Los Municipios, para la gestión de sus intereses y en el ámbito de sus competencias, podrán promover toda clase de actividades y prestar cuantos servicios públicos contribuyan a satisfacer las necesidades y aspiraciones de la comunidad". Son de la competencia propia del Municipio las siguientes materias:

- Protección civil y servicios de prevención y lucha contra incendio en las poblaciones

- Los Municipios deben brindar atención a las comunidades, y tiene como misión velar por la satisfacción de las necesidades y aspiraciones de la comunidad, para lo cual deberá estructurar una organización de protección civil cuya misión principal será: La protección civil propiamente dicha y servicios de prevención y lucha contra incendios en las poblaciones y/o comunidades.

Es de hacer saber que en el único Municipio en el país donde se ha puesto en práctica es en el Municipio Sucre, y esta organización ha sido denominada: "Oficina de Investigación y Protección Civil" (O.I.P.C) creada el 2 de enero de 1981.

CAPITULO III

3. La Protección Civil en el Mundo

3.1 República Popular China

Los terremotos y otras formas de desastre natural han jugado un papel muy importante en la vida social, económica y política de China, desde sus comienzos como sociedad organizada. Las Dinastías han estado entre las víctimas del desastre en este país Adonde la tradición ha identificado siempre la ocurrencia de un desastre natural, con incompetencia política de su élite dirigente.

Doscientos años de registros confiables indican que aunque otras naciones han experimentado terremotos más frecuentemente, ninguna ha sufrido tantas pérdidas de vidas como China. Ciertamente un sólo terremoto en la provincia de Shensi en 1556 se llevó un estimado de 830.000 víctimas, casi como el total de pérdidas de vidas de todos los terremotos registrados en los otros países incluidos en el presente estudio. Apenas el 27 de junio de 1976 murieron un total de 665.000 personas en Tang Sang. Tan catastrófico como han sido, los terremotos no han sido los peores desastres naturales que han golpeado a la China, cerca de cuatro millones y medio de personas han muerto por inundaciones.

Una falta de interés chino cerca de los costos que podría surgir de los esfuerzos del gobierno para mitigar los daños de desastres naturales no hace que la idea de obligación y responsabilidad del gobierno sea irrelevante en China.

La sociedad china tradicional ha sido influenciada por varias tradiciones filosóficas. Empezando en el siglo XII A..C, el Taoísmo, el Confucionismo y el Maoismo se combinaron en lo que Thome Fang ha comparado con las líneas del pentagrama musical.

A intervalos regulares o irregulares, diferentes formas de especulación son señaladas en las barras, cada una funcionando en un tiempo triple compuesto con golpes de atenuación variada. La influencia predominante fue la del Confucionismo, la cual impone un énfasis doble sobre la importancia del desarrollo propio del individuo para el bienestar de la sociedad, y al mismo tiempo sobre la importancia de la responsabilidad social para la perfección del individuo. En tiempos de Confucio (551-479A.C.) la posición del individuo se había elevado significativamente en el pensamiento y en la práctica China, pero el individuo había de permanecer dependiente de la sociedad para la realización de una buena vida. Este énfasis sobre la importancia del desempeño individual a través de la satisfacción de obligaciones sociales fue una influencia importante para la percepción del individuo moderno y de su relación con el Estado.

En un sentido Confucionismo representó un compromiso entre el individualismo extremo de los taoístas y el estatismo extremo de los legalistas. Los taoístas atesoran la libertad individual por encima de todos los otros valores y por tanto sostenían que el gobierno es quien mejor interviene y grava menos.

Los legalistas ignoraban al individuo, excepto como un medio para el fin de un estado poderoso. Ellos querían que la gente trabajara, luchara y muriera por el Estado. Wu lamenta esta posición extrema sobre la Regla de la Ley, la cual, el cree estropeaba la oportunidad de una genuina regla de ley balanceada (una que hubiera asegurado los derechos y libertades del individuo) por más de dos milenios. El Confucionismo fue un compromiso en el sentido de que evitó las tendencias anarquistas del Taoísmo y el Totalitarismo de los legalistas, mientras que superaba al Maoísmo por su catolicismo y el Budismo por su sentido de la realidad. El resultado fue de que el individuo es importante, pero que la sociedad es necesaria para el logro del individualismo. Una de las características sobresalientes en el pensamiento social chino es el énfasis en las obligaciones más que en los derechos y prerrogativas del individuo en relación a la sociedad.

Para la realización individual bajo las éticas confucianas, es necesario, primero, ejecutar los propios deberes, no reclamar los propios derechos.

En la China moderna, todos los medios de producción, incluyendo la tierra, bosques, recursos mineros, aguas, herramientas de producción y estructuras de producción, son propiedad o fueron del Estado o de colectividades económicas urbanas y rurales. Bajo la Constitución China de 1982, la propiedad privada se extiende hasta ingreso ganado legalmente, ahorros, casas y otra propiedad legal. Por tanto, después de un terremoto, las pérdidas de la propiedad individual están limitadas a casas y otras pertenencias compradas con los salarios. Los daños a cosechas, mercancías, estructuras de negocios, equipo industrial, servicios y equipos de transporte son en su mayoría cubiertos colectivamente por la comunidad o por el Estado. El sistema socialista de propiedad pública sustancialmente estrecha el alcance del daño individual y hace que partes considerables del daño por terremoto sean un problema público directo.

Similarmente, las consecuencias económicas de la predicción de terremoto sobre los individuos relativamente triviales cuando se comparan con los planes occidentales. Ya que la tierra es propiedad pública, los individuos no son influenciados directamente por las fluctuaciones del valor de la tierra.

Los costos externos de la predicción de desastres sobre los individuos son relativamente bajos en la China, hay menos urgencia para que un individuo busque compensación del gobierno.

Además, los obstáculos ideológicos previenen al individuo de reclamar obligación del gobierno. En la China socialista de hoy. los miembros de la sociedad están dispuestos a subordinar sus intereses individuales por las metas colectivas. Estar demasiado preocupado por el propio bienestar y propiedad es considerado un síntoma capitalista. La sola idea de demandar el Estado que representa a todo el pueblo para satisfacer los intereses egoístas de uno, va en contra del principio socialista de que el interés de la comunidad antecede el interés individual.

La Ley tradicional China es una combinación del pensamiento Confucionista y Legalista. El punto de vista legalista está representado por el concepto fundamental de Fa Chía, que es que un correcto sistema de ley es más seguro que un posible éxito o la presencia de hombres especialmente duchos en gobernar.

Los Legalistas creían que "...Fa, que es la ley positiva promulgada en forma escrita detallada y proclamada a la gente, formaría la base del gobierno, en vez de las normas morales no escritas que están sujetas a interpretaciones variadas. Los Confucionistas por otro lado, creían que los orígenes de la ley está arraigada en la naturaleza moral del hombre.

En China, una gran parte de la propiedad total es poseída colectivamente y una gran parte de los daños producidos por terremotos o cualquier otro fenómeno natural o accidental es soportada colectivamente. Los derechos individuales están recibiendo una atención creciente bajo la Constitución y las Leyes recientemente promulgadas. Aunque normalmente el individuo chino no parece ser capaz de demandar el gobierno, el procedimiento del nuevo código civil y las discusiones para el próximo código civil sugiere que al menos en las áreas contractuales el gobierno puede renunciar a su inmunidad soberana. Como renunciante a la inmunidad soberana en el área que el occidental identifica como Ley de agravio, cualquier respuesta puede ser bastante especulativa en este momento. Sin embargo, un ciudadano tiene el derecho constitucional de reclamar y recibir compensación por la deprivación de sus derechos bajo la nueva constitución. Un individuo puede también iniciar investigaciones de actos de empleados del gobierno a través de periódicos y canales políticos, y puede hacer que el empleado reciba sanciones penales por conducta negligente. Por otro lado, los voluntarios del gobierno chino que emprendan la mayoría de las tareas en el trabajo de recuperación por terremotos u otros fenómenos naturales y el énfasis que pone la sociedad en las metas públicas, disminuye considerablemente el incentivo individual para demandar ayuda. Finalmente, sí el gobierno es encontrado responsable a través de canales legales o no legales, está ampliamente influenciado por los principios del régimen. Los asuntos individuales son guiados por políticas públicas, y, en China, las políticas pueden cambiar rápidamente.

3.2 Japón

Aunque pequeño en área, experimenta cerca del 10% en los terremotos mundiales. Es una dudosa distinción, seguro, pero Japón presenta el mejor laboratorio natural en el mundo en el cual estudian los fenómenos de los terremotos. El país está ubicado al borde la plataforma litosférica del Pacífico y está sujeta constantemente a las presiones creadas por la colisión de esa plataforma con el Continente Asiático. Grandes terremotos han sido registrados a través de la historia japonesa, incluyendo 14 de magnitud 7 o más en los últimos 60 años. La pérdida de vidas y propiedades ha sido sustancial. El terremoto Kanto en 1923 cobró 142.807 vidas humanas y destruyó más de 570 mil hogares. Otros peligros naturales presentan amenazas similares para los japoneses. Desde 1945 a 1982, 14.582 personas murieron en tifones, 5.233 personas murieron en inundaciones, y 5.450 personas murieron en terremotos. El problema es sustancial comparado con las pérdidas de vidas en los Estados Unidos durante el mismo tiempo: 290 muertos en tifones, 430 muertos en inundaciones y 257 muertos en terremotos.

Después del terremoto de Nohi en 1891, el gobierno Japonés estableció un comité para la prevención de desastres. El peor desastre natural del Japón en la historia moderna, fue el terremoto de Kanto en 1923, esto llevó al gobierno a iniciar serios esfuerzos para mitigar los daños de los terremotos y a la Universidad de Tokyo a establecer un Instituto de Investigación de Terremotos. La Segunda Guerra Mundial distrajo al gobierno Japonés del problema de los desastres naturales, aunque la nación experimentó seis grandes terremotos entre lósanos: 1939 y 1948.

Durante la siguiente década, Japón experimentó varios desastres naturales con serias consecuencias, pero no fue sino hasta la muerte de más de 5.000 personas, resultante del tifón de Bahía Ise en septiembre de 1959 que el gobierno se prepara para adoptar una legislación formal de desastres.

La acción sobre la propuesta legislación fue sin duda estimulada por un tsunami resultante del terremoto chileno el 2 de mayo de 1960. La Ley Básica de Contramedidas de Desastre, adoptada el 15 de Noviembre de 1961, establece los procedimientos para la emisión de advertencia de desastres y define en términos muy generales los poderes de los funcionarios de gobierno para llevar a cabo actividades de prevención, emergencia y rehabilitación de desastres. Después del terremoto de Nilgata en 1964, los funcionarios del gobierno y los científicos empezaron a pensar seriamente en las predicciones de terremotos como una herramienta de mitigación de pérdidas. A mediados de los años 70, se había extendido entre los japoneses la sensación de que el país estaba por sufrir un gran terremoto ya que no había ocurrido ninguno de consecuencias tan desastrosas desde el año 1948.

De acuerdo a Yamazaki, una teoría no científica mantenía que Tokyo sería golpeada por un gran terremoto en 1978. En respuesta a esta teoría predicciones científicas para la región de Tokyo, fue emprendida la planificación de terremoto en Tokyo y otras ciudades gubernamentalmente locales. El terremoto de 1978 no ocurrió, pero el acta de contramedidas de terremoto de gran escala fue adoptada en año. Los proponentes del acta, además de tratar de mitigar las pérdidas por terremotos, buscaron consolidar la planificación local de terremotos, incluyendo la influencia centralizante y el poder del gobierno nacional.

La inversión en la prevención de desastres ha sido sustancial, particularmente en comparación con otras áreas propensas a desastres como California. El Gobierno Nacional presupuestó un exceso de 2.000 millones de Yen para la prevención de desastres, más del 5% del presupuesto para las cuentas generales.

Hay pocas dudas de que el Japón tiene uno de los más avanzados y progresistas programas de mitigación de desastres en el mundo. Con frecuencia con la que el desastre natural golpea al país da a los funcionarios japoneses útil, si se quiere, experiencia que puede ser de mucha ayuda para los funcionarios de desastres de otros países. Esta experiencia combinada con el sistema legal y gubernamental del Japón que mezcla las instituciones tradicionales japonesas y las modernas occidentales provee una importancia perspectiva para un estudio comparativo.

De particular importancia para el estudio de la Ley

Japonesa en general y la responsabilidad del gobierno en particular es la actitud del japonés acerca del individuo y el rol de él en la sociedad.

El interés del individuo es absorbido en el interés de la colectividad a la cual pertenece, y el interés de la colectividad es reconocido como de primera importancia, mientras que el interés del individuo tiene meramente una importancia secundaria.

La Ley de Desastre Natural está estructurada como sigue, el Capítulo 1 define el desastre natural (incluyendo los terremotos), y establece que las autoridades nacionales, prefecturales, de pueblo o ciudad, tienen la responsabilidad de prevenir los desastres, mientras que la gente tiene la responsabilidad de asistir al gobierno en este fin. El Capítulo 2 determina que la Oficina de Prevención de Desastre Natural sea establecida a nivel nacional, prefectural y local. El Capítulo 3 ordena que la Oficina de Prevención de Desastres establezca planes de prevención de desastres. El Capítulo 4 ordena el establecimiento de medidas para la mitigación de los efectos de los desastres. El Capítulo 5 se refiere a las medidas de ayuda durante desastres, incluyendo autoridad de la agencia para tomar varias acciones que constituyen limitaciones sobre la libertad o la propiedad privada. El Capítulo 6 está relacionado con la reconstrucción después del desastre. La responsabilidad es compartida por las autoridades nacionales y locales, ordenándose a ambos preparar un fondo de reconstrucción a partir de los impuestos fiscales normales. El Capítulo 7 establece las previsiones básicas para financiar actividades relacionadas con desastres.

El Capítulo 8 provee las normas básicas para una declaración de que existe un estado de emergencia por desastre, y las medidas especiales que serán llevadas a cabo a nivel nacional en una situación semejante. El Capítulo 9 contiene misceláneas. El Capítulo 10 provee varias provisiones penales por dejar de seguir las directivas de las autoridades de desastre, las penalidades son multas y prisión a corto plazo.

La responsabilidad financiera por las consecuencias del desastre es compartida por todos los niveles de gobierno. Los gobiernos municipales y prefecturales anualmente presuponen los gastos del desastre, los cuales, cuando ocurren, son compartidos de acuerdo a una fórmula predeterminada. Si el desastre es de grandes magnitudes, el gobierno local incurrirá en grandes gastos, después de lo cual el gobierno nacional asumirá más responsabilidad financiera. La proporción de costos depende de la naturaleza de los daños y las capacidades de los gobiernos locales afectados. En algunos años los gobiernos pueden tener una reserva pero en otros años es necesario un fondo suplementario.

Existe una característica muy particular que desde la promulgación de las Leyes de Desastre y terremoto en el año 1961, existe una renuencia general para presentar demandas en contra del estado por daños resultantes de desastres naturales tales como inundaciones o terremotos.

Una razón importante es que las inundaciones y sismos han sido vistos como simplemente fenómenos naturales, no originados en ninguna falta que podría dar lugar a una demanda por un acto ilegal, que requiere negligencia como base. Esta actitud, sin embargo está cambiando. Mientras que todavía no ha habido nunca una demanda en Japón originada por daños de terremotos, las demandas relacionadas con desastres naturales es el sentimiento creciente de que los desastres son hechos humanos, no hechos naturales. Esto es, mientras el hecho natural no puede ser controlado, la naturaleza y extensión de las subsecuentes pérdidas pueden ser controladas. Consecuentemente cuando el daño no es mitigado o prevenido, surge un fundamento para un reclamo por negligencia.

3.3 México

El desastre que los sismos del 19 y 20 de septiembre de 1985 causó en varias regiones, especialmente en la Ciudad de México, hizo ver la impostergable necesidad de perfeccionar los dispositivos de protección civil por parte tanto de las autoridades como de la sociedad, a fin de reaccionar rápida y eficientemente ante siniestros de tales proporciones, lo que motivó al Gobierno mexicano a la Constitución de una Comisión Nacional de Reconstrucción. Esta después de razonar que la Protección Civil" No puede limitarse al rescate o a la distribución de alimentos y ropa a los damnificados, pues engloba acciones multiformes y actividades que van desde las normativas hasta las operativas que alientan la reinserción social de los afectados sin prolongar un sistema de asistencia que los eternice en una marginación forzada por los acontecimientos, desembocó en una nueva concepción de la Protección Civil que implica también la participación de la población a través de la creación que refuercen las solidaridades espontáneas en el marco de las unidades geográficas y sociales manteniendo una unidad de dirección y eficacia en la acción pública.

Como trasfondo de este gran cambio, que lo llevó a sustituir la Defensa Civil traída de Panamá, Fort Benning y Washington por una Protección Civil ajustada a la realidad sísmica y sociológica, parece que fue la pérdida inútil de vidas causada por la confusión creada en el sismo citado por una especie de babelización de términos y posturas.

Por ello el ciudadano Presidente de la República, acordó el pasado 19 de octubre pasado la creación de la Comisión Nacional de Reconstrucción, con el fin de dirigir adecuadamente las acciones de auxilio a la población damnificada, sentar las bases para establecer los mecanismos, sistemas y organismos para atender mejor a la población en la eventualidad de otros desastres, incorporando las experiencias de instituciones públicas, sociales y privadas, de la comunidad científica y de la población en general.

Para desempeñar ágilmente sus funciones, la Comisión se estructuró en seis comités, uno de los cuales fue el de Prevención de Seguridad Civil, el cual debía cumplir las siguientes funciones:

- Diseñar los riesgos previsibles
- Diseñar planes y programas específicos de seguridad civil
- Recomendar los instrumentos de coordinación y concertación
- Coordinar las acciones con los Estados y Municipios
- Organizar y establecer un sistema nacional de protección civil que garantice la mejor planeación, seguridad, auxilio y rehabilitación de la población y de su entorno ante situaciones de desastre incorporando la participación de la sociedad en su conjunto.

En ese mismo acto, el Presidente de la República hizo un llamado profundizar los cambios estructurales que demanda la sociedad actual y del mañana. Sus palabras constituyeron una exhortación a recimentar el destino nacional con la participación activa de las fuerzas más dinámicas y representativas de la sociedad mexicana, y a fortalecer en la reconstrucción, la democracia, las libertades y las instituciones de la nación.

Fueron funciones del Comité de Prevención de Seguridad Civil las de fungir como órgano de consulta y participación ciudadana, con objeto de realizar los estudios que llevarán a establecer un Sistema Nacional de Protección Civil, el mismo que integrará, elaborará y propondrá:

- Preceptos legales, programas, estrategias, manuales e instrumentos de organización, operación y procedimientos.
- Todo aquello que logre la protección de la población civil tanto en la fase preventiva como durante y después de los desastres.
- Coordinará la participación de los sectores público, social y privado.

El momento actual y cada vez mayor significación y trascendencia de la protección civil en todas las esferas de la sociedad, hacen que el Sistema Nacional de Protección Civil sea además de necesario, imperativo, porque en una situación difícil cobra mayor relieve el seleccionar en forma inteligente las opciones; inducir, con plazos, hacia delante, las acciones; contemplar conjuntamente los problemas en forma global; integrar los programas y los proyectos entre sí para formar un todo; definir los procesos y programar las acciones, todo lo cual requiere de la concurrencia de un sistema de protección civil dinámico y ordenado. A mediano y largo plazos, la transformación que de la sociedad mexicana se persigue es inconcebible sin este factor, el cual constituye una finalidad humanista del nuevo desarrollo.

El Sistema Nacional de Protección Civil debe ser un conjunto organizado y articulado de estructuras y relaciones funcionales, métodos y procedimientos que establezcan las dependencias y entidades del sector público entre sí, con las organizaciones de los diversos grupos sociales y con las autoridades de los estados y municipios a fin de efectuar acciones de común acuerdo destinadas a la protección de los ciudadanos contra peligros y riesgos que se presentan en la eventualidad de un desastre.

Paralelamente a los mecanismos ejecutivos debidamente definidos y a través de manuales, métodos y procedimientos de cada entidad, el Sistema comprende instrumentos permanentes de consulta y participación a través de los cuales los grupos organizados de la sociedad, así como la población en general hacen propuestas, planean demandas, formalizan acuerdos y toman parte activa en las tareas de protección civil.

El Sistema se apoya en una estructura institucional que en distintos niveles de operación define responsabilidades claras para todos los participantes y cuenta como soporte con la infraestructura básica de estas mismas instituciones.
La noción misma de sistema implica que las distintas estructuras que lo integran no están sólo yuxtapuestas o

adicionadas sino que constituyen a la vez una combinación orgánica y un complejo coherente.

El Sistema Nacional de Protección Civil involucra, en primer lugar, a todas las entidades y dependencias del Gobierno y después especialmente a las áreas de las secretarías y entidades públicas que llevan a cabo actividades de protección civil tanto de carácter normativo como operativo, y también a través de los mecanismos de coordinación, concertación e inducción, a las unidades de los gobiernos estatales y municipales y de las organizaciones sociales y privadas en el ámbito de la protección civil.

La estructura institucional del Sistema está integrado por las dependencias y entidades de la Administración Pública, por los organismos de coordinación entre la federación y los estados, y municipios, así como por la representación de los grupos sociales que participan en las actividades de protección civil vinculados por medio de:

- La Dirección y Coordinación del Presidente de la República
- El Gobierno tanto en sus unidades centrales como en las paraestatales
- El Gabinete especializado
- Unidades o áreas de cada dependencia o entidad paraestatal responsable de la protección civil.
- Los responsables de las actividades de la protección civil estatal o municipal dentro de los órganos de coordinación existentes y a través de convenios entre federación y estados.

- Los Consejos que se establezcan para coordinar y sugerir acciones.
- Los mecanismos de participación social.

La infraestructura de apoyo está constituida en consecuencia, por los recursos humanos, materiales y financieros de las dependencias y entidades de la Administración Pública Federal, estatal y municipal, así como por los correspondientes a las organizaciones sociales y privadas.

En tal contexto el documento tiene como objetivo principal presentar las bases para la instauración del Sistema Nacional de Protección Civil.

Cubre en este sentido la primera etapa de conceptualización básica, cuyo alcance pretende definir la propia naturaleza del Sistema, propone una estructura institucional y una metodología inicial para su instrumentación; incorpora un primer diagnóstico, un programa general, la definición de objetivos y la estrategia para alcanzarlos; pretendiendo cubrir la parte inicial de la planeación del Sistema, proponiendo las etapas para ponerlo en marcha.

Así el documento se expone como un marco general, producto de la primera etapa, que fue cubierta por el Comité de Prevención de Seguridad Civil y constituye la base para iniciar la segunda etapa de la organización y programación del Sistema. El inicio de ésta, se orientará a la apertura de las actividades de la estructura institucional propuesta, cuyos participante tendrán como labor inicial, para aquellos que no formaron parte del Comité la discusión y en su caso revisión del documento que hoy se propone como marco básico del Sistema Nacional de Protección Civil, y como acción complementaria a esta primera actividad, el análisis de la propia estructura institucional propuesta, incorporando aquellos elementos que por cualquier circunstancia no se hubieran apuntado en la redacción del documento básico.

3.4 España

La Protección Civil tiene por misión organizar, reglamentar y coordinar, con carácter nacional, la protección de la población, recursos y riquezas de todo género, tanto en caso de guerra como en caso de calamidades públicas, para evitar o aminorar riesgos y perjuicios a personas y bienes.

Los fines de la Protección Civil son los siguientes:
* Reducir al mínimo los daños producidos por la guerra, salvando, en la medida posible, personas y bienes, tanto por la intervención de medios nacionales, provinciales y locales como por el apoyo y colaboración ciudadana, en forma colectiva o individual, según los casos.
* Aplicar con fines análogos la organización y principios anteriores al caso de riesgos provenientes de una calamidad pública.

Para la consecución de éstos fines, las poblaciones se dividen en sectores y a veces en subsectores. Estas divisiones o escalones cuentan con servicios generales de diversas clases(Orden, Incendios, Sanidad, etc.) pero pasando de ahí no cabe dividir más, ni repartir entre las casas o simplemente en destacamentos en ciertas calles, tales elementos, que en pequeñas porciones y diseminando sus componentes pierden eficacia. Por otra parte, se sitúen donde sea, tardarán de hecho, más o menos tiempo en llegar a cumplir su misión en el lugar preciso; otras veces habrán de hacerlo con preferencia en otro lugar.

En consecuencia, es necesario que aparte de las medidas que los ciudadanos tomen para protegerse, han de estar dispuestos a aportar el primer socorro no sólo a sí mismos sino a sus vecinos, para dar tiempo a que la actuación de los Servicios Generales, cuando lleguen pueda ser eficaz.

Usted debe hacerlo, ya que su finalidad es la de constituir con cuantas personas integran una población o municipio, un conjunto orgánico que permita vigilar y atender de un modo eficiente la protección de sus habitantes y ayudar, en caso de peligro, al salvamento de las víctimas, colaborando así a los fines de la Protección Civil, a las órdenes del jefe local o de sus mandos directamente subordinados.

Esta autoprotección ciudadana tiene su base en la Autoprotección individual, por considerar la primera como una integración de individuos en la que un elevado porcentaje posee conocimientos prácticos para poder protegerse y salvarse en situaciones de peligro e igualmente contribuir con la protección y salvamento de los demás.

Esta situación de capacidad la consigue el ciudadano siguiendo las instrucciones que en cada momento de el mando de la Protección Civil, partiendo de los conocimientos divulgados por cartillas de autoprotección individual y familiar, de las que la presente es una prolongación que debe lograr que, de acuerdo con sus facultades físicas, mentales, inclinaciones y aptitudes, sea su aportación de utilidad a los Servicios de la Protección Civil.

La Autoprotección ciudadana, como parte integrante de la Autoprotección Colectiva tiene como fundamento el espíritu de colaboración y prestación que debe presidir en todo ciudadano de un país siempre que se trate de ayudar al prójimo; y desde ese punto de vista, el saber adaptarse a dichos principios y normas de actuación preceptuados por la Dirección General de Protección Civil, constituye el primer paso para llenar cumplidamente la tarea que en beneficio propio y de los demás se haya impuesto.

Se considera a la Autoprotección familiar como base esencial de la organización social y política de la nación. Estudiada la familia desde este punto de vista se pasa a considerar la Autoprotección domiciliaria o de casa y sucesivamente la de manzana y barrio.

El escalonamiento en los servicios generales de seguridad y socorro en las ciudades populosas llega al fraccionamiento inmediato superior del Barrio, es decir, hasta el subsector, pues se considera que una atomización de estos servicios disminuirá considerablemente su eficacia. Es precisamente a nivel de barrio donde se verifica el enlace entre las Jefaturas Locales de Protección Civil y el jefe de Barrio, quedando de esta manera establecida la cadena de mando que va desde el Jefe Local de Protección Civil hasta el último ciudadano de una localidad.

Independientemente del medio de información que la anterior organización supone, que la población civil dispone siempre en situaciones de emergencia de las directrices emitidas por las Jefaturas Locales de Protección Civil, a través de las emisoras locales. Por este sistema la población civil conoce en todo momento el tipo de emergencia de que se trata y puede, en consecuencia, adoptar las medidas de protección que procedan en cada momento.

Antes de entrar en la organización y funcionamiento la Autoprotección domiciliaria, conviene establecer unas normas de aplicación a la Familiar, por ser ésta la base o célula inicial para la constitución de las restantes.

El padre o jefe de familia ostentará la dirección de la misma ocupándose del orden en cuanto a la disciplina de actuación y con carácter especial dirige la lucha contra el fuego. Su dependencia inmediata superior es el Jefe de la casa, a quien consulta cuando sea necesario y del que recibe instrucciones. Donde falte el padre, la persona más caracterizada de la casa asumirá las funciones del mismo.

Los hijos varones colaboran con el padre en la lucha contra el fuego, salvamento y habilitación del refugio domiciliario si es procedente.

La madre e hijas tienen como misiones fundamentales las atenciones sanitarias de todo orden, primeros auxilios y acondicionamiento del refugio si se dispone del mismo.

Esta distribución de misiones no excluye a ningún miembro de la familia de conocer y saber poner en práctica las tareas de los otros y deberá estar al día siempre, adaptándola a las vicisitudes familiares que, a lo largo del tiempo, se vayan produciendo.

La Autoprotección domiciliaria tiene por finalidad la coordinación de las acciones descritas para la familia dentro de la casa o las casas inmediatas que comprende un número de vecinos que oscila entre 100 y 200. Esta agrupación recibe el nombre de Agrupación domiciliaria.

3.5 Estados Unidos de América

El Gobierno Norteamericano a todos los niveles se está involucrando" cada vez más en la mitigación de terremotos y desastres. Los ciudadanos norteamericanos no tienen más la expectativa limitada de que el gobierno local, tal vez con cierta asistencia del gobierno estadal o federal, suministrará ayuda después de haber ocurrido un desastre natural. La expectativa permanece, pero es solamente una pequeña parte de lo que se espera generalmente del gobierno con respecto a desastres. Los gobiernos han decidido anticiparse a los desastres y mitigar los daños que podrían de otra manera resultar. Los gobiernos locales están comprometidos en la regulación del uso de la tierra y la construcción de edificios con el propósito expreso de mitigar las pérdidas por desastres. Los gobiernos de estado han decidido coordinar y apoyar financieramente la mitigación local. El gobierno federal, de acuerdo con la creación de la Agencia Federal para el manejo de Emergencias (FEMA) y la aprobación de la ley de riesgos por terremotos, ha cambiado de un apoyo a un papel de liderazgo en la respuesta y la mitigación del desastre.

Estados Unidos es un modelo geojurídico *sui generis*, su estructura de gobierno tiene realmente tres niveles Federal,

Estatal y Municipal. Salvo el municipal, no son homólogos a los niveles de Gobierno Nacional y Estado o Provincia entre nosotros. Salvo lo que se pueda leer en publicaciones como "El Manual de Campo FM-20-10" publicado por el Cuartel General del Ministerio de la Defensa a nivel federal de estados Unidos, el 30 de diciembre de 1959, traducido al español por orden del Jefe del Estado Mayor de su país, Earle G. Wheleer el 16 de abril de 1964, se duda que realmente alguien conozca el modelo federal de la defensa civil de los Estado Unidos.

En tiempos de paz esta responsabilidad recae fundamentalmente a nivel local (estado, condado o municipio) de gobierno, mientras que en tiempos de guerra la Defensa Civil activa recae en el gobierno federal, con otro nombre.

Terminada la Segunda Guerra Mundial, durante la cual la DC tuvo una connotación eminentemente bélica, casi todos los países europeos menos Inglaterra, la Defensa Civil pasiva gravitó al campo civil denominándola Protección Civil, la DC propiamente permaneció como tema de estudio y acción de alta confidencialidad (Top Secret) dentro de la Defensa Nacional.

Estados Unidos, por su parte mientras su rol en la guerra fue de simple apoyo logístico a Europa, apenas activó el nivel federal con un equipo que denominó "Board of Economic Warfare", que operaba a la manera de la Defensa Civil activa en el campo económico.

Después de la guerra, cuando Estados Unidos vislumbró un ataque nuclear soviético en su propio territorio, promulgó el "Civil Defense Act" y estableció una organización que denominó "Civil Defense Administration". En 1961 hubo una reorganización y el ente antes citado fue sustituido por el "Office of Civil Defense" el cual operó hasta 1964, fecha en la cual lo sustituyó la "Defense Preparedness Agency", hasta 1979 en que toda la actividad a nivel de Washington fue sustituida por la "Federal Emergency Management Agency". Esta última agencia parece que no tuvo mucho éxito tampoco, por cuanto sus planes de evacuación para casos de agresión nuclear no tuvieron mucho éxito a nivel local y en 1980 fueron totalmente descartados.

3.6 Chile

En chile, el Sistema Nacional de Protección Civil está integrado por organismos públicos y privados, que tienen como misión evitar o reducir los daños que causan las catástrofes naturales o provocadas por el hombre, en el desarrollo de las comunidades.

Representa al Gobierno en esta acción la Oficina Nacional de Emergencia del Ministerio del Interior (ONEMI). En tanto, existen diversos organismos de voluntariado que se preparan para atender a la comunidad en las situaciones que sean requeridos. Entre estos se cuentan a la Cruz Roja, Asociaciones de Scouts, Defensa Civil, Cuerpo de Socorro Andino, Ejército de Salvación, Radioaficionados, representaciones de iglesias, entre otros, que en caso de emergencia se agrupan en torno a la autoridad que se encarga del evento. Su colaboración se traduce en tareas de socorro, rescate y salvamento, primeros auxilios, transmisión de mensajes, evacuación y albergue de víctimas. Apoyan con esta labor personal especializado de las Fuerzas Armadas y de Orden, que prestan una invaluable acción en una catástrofe.

Si bien es cierto, que numerosas personas están incorporadas en forma totalmente voluntaria y altruista al Sistema de Protección Civil en Chile, se hace necesario expandir, aún más, el grado de participación de la ciudadanía en esta labor de autoprotección.

Cada integrante de nuestra sociedad debiera adoptar acciones de prevención que llevarán a reducir los riesgos, que en esencia, significa aminorar el número de víctimas y daños a la propiedad, que tantos estragos han causado en la estructura social y económica de Chile en la ocurrencia de cada desastre.

En los últimos veinte años, los desastres naturales provocaron en el mundo la muerte de aproximadamente 3 millones de personas, afectaron a más de 800 millones de seres humanos y alcanzaron daños materiales que superaron los 23 mil millones de dólares.

Nuestro país no está ausente de las devastaciones generadas por las catástrofes. En junio, un aluvión dejó en la ciudad de Antofagasta 91 muertos, 16 desaparecidos y 70 millones dólares en pérdidas materiales. Luego, en la undécima región el volcán Hudson daño cientos de hectáreas cultivables, ganado y casas.

Ante esta realidad, que azota a todos los pueblos, la Organización de las Naciones Unidas nominó la década de los 90 como el Decenio Internacional para la reducción de los efectos de los Desastres Naturales, como una manera de prevenir y mitigar el impacto que estos fenómenos provocan en el desarrollo de las naciones en el mundo.

La tendencia destinada a reforzar la descentralización de la función pública del Gobierno y potenciar las instancias, a través de las cuales las distintas comunidades participan en las soluciones de sus problemas, es cada día más acertada.

La prevención y atención de desastres basa su accionar en este principio, porque de esta manera se generan las condiciones para enfrentar las diversas variables de manera eficaz y eficiente.

Los responsables en materia de desastres a nivel regional, deben estar inmersos en el desarrollo de las políticas destinadas a la planificación, fomento productivo y funciones del ordenamiento territorial, con el objeto de entregar sus aportes a los gobiernos de sus áreas jurisdiccionales, donde resalta el prisma renovador de quienes no sólo están trabajando en la superación de las emergencias, sino que tienen un concepto integral para abordar el problema.

¿Quién mejor que la propia región para conocer sus fortalezas y debilidades? Como respuesta surge el ejemplo demostrado durante la celebración del día nacional de la Protección Civil.

Fórmulas ideales para resolver una problemática tan compleja no existen. Aunque el país cuenta con algunas políticas para revitalizar la gestión regional en el ámbito de los desastres, lo fundamental radica en el aporte creativo y sustancial de su gente, la cual debe ser capaz de buscar soluciones adecuadas a los desafíos que se presenten.

En la República de Chile se encuentra en ejecución un Proyecto con la cooperación del Programa de las Naciones Unidas para el Desarrollo (PNUD), nominado "'Apoyo al Sistema Nacional de Protección Civil", iniciativa piloto a nivel mundial.

Sus objetivos directos son actualizar y modernizar la estructura normativa y orgánica de la administración del Estado respecto a la preparación, prevención, respuesta, operaciones y manejo para controlar y superar desastres y otras situaciones de emergencia mediante un sistema nacional de Protección Civil.

Así mismo proporcionar y fomentar todas aquellas actividades que, siendo propias del quehacer estatal, estén vinculadas al campo de la prevención de desastres. En este punto se considera el apoyo del Ministerio de Planificación y Cooperación, MIDEPLAN. También se contempla diseñar políticas sobre protección civil en el campo de las comunicaciones, educación y capacitación de los recursos humanos encargados de la gestión para casos de desastres y otras situaciones de emergencia.

Este proyecto que tendrá una duración de 18 meses, es una aplicación de la política y estrategia sobre Protección Civil del Gobierno y se inserta como actividad nacional clave en el Decenio Internacional para la Reducción de los Desastres Naturales. Actúa como organismo huésped el Ministerio del Interior y, en calidad de institución ejecutora, la Oficina Nacional de Emergencia. En tanto, por el PNUD participa el Representante Residente en Chile y el Oficial Principal de Programas.

Chile también implemento con el Programa de la Naciones Unidas para el Medio Ambiente el cual ha impulsado el proceso de Concientización y preparación de emergencia a nivel local, más conocido como APELL (Awareness and Preparedness for Emergencies at Local Level), destinado a prevenir y responder a los accidentes tecnológicos. Con este propósito la Oficina Nacional de Emergencia y el PNUMA auspiciaron recientemente la venida del experto Bob Young a Chile, efectuándose una serie de encuentros en Santiago, Valparaíso, La Concepción, para divulgar este programa. A través de esta metodología se busca ayudar a las autoridades, personal técnico y representantes de la comunidad a tomar conciencia respecto de las instalaciones peligrosas, la trascendencia de las medidas para enfrentar los riesgos con participación de la ciudadanía y el diseño de planes de respuesta en caso de accidentes.

Obstaculizan el éxito de su aplicación el exceso de confianza ("Ya hay un plan preparado"), la apatía ("Esto no puede suceder aquí") o la preocupación por el aspecto económico ("No lo podemos pagar").

No obstante, siempre es menor el costo de un eficaz sistema de prevención que someterse a las consecuencias de un desastre. Sólo cuando se entienda y aplique esta premisa, se evitará pagar un injusto tributo al desarrollo tecnológico.

3.7 Francia

Siendo Francia un Estado con formación de Derecho Romano, legalizaron la Defensa Civil y la Protección Civil por separado, con el fin de:

"Armonizar los recursos civiles y militares, tanto de personal como de todos los otros medios y evitar las improvisaciones a que da lugar la ausencia de un planteamiento y las interferencias que se produce entre las autoridades cuando las atribuciones de cada quien no están claramente determinadas."

La Protección Civil está adscrita al Ministerio del Interior y se le asignó una misión muy compleja, que incluye la Defensa Civil Pasiva. "Garantizar de la mejor manera posible la vida de la población civil tanto en lo que concierne los riesgos en tiempo de paz, como los peligros y amenazas en tiempo de guerra." Dicho en francés: "D'assurer dans les meilleurs formes possibles la sauvegarde des populations civiles tant en ce qui concerne les risques du temps de paix que les dangers et les menaces des temps de guerre."

Una frase de la doctrina francesa transmite el concepto de Protección Civil y su relación con la Defensa Civil con gran fidelidad: "Il ne saurait donc exister la defense civile que dans la mesure où la protección civile aura accompli sa mission." Es decir "No existirá Defensa Civil alguna, sino en la medida que la Protección Civil cumpla previamente con su misión."

3.8 Suiza

Suiza tiene bien clara la trilogía o Tricotomía del modelo francés, que detectó tres actividades análogas, pero muy distintas, Defensa Civil Activa, Pasiva y Protección Civil, son dos géneros esencialmente diferentes, Defensa Civil y Protección Civil.

Para distinguir la Protección Civil de la Defensa Civil, en suiza la Ley Federal de Protección Civil de 1962, afirma en su artículo segundo: "La Protección Civil no tiene misiones de combate." Así como que sí en el proceso de la guerra, alguna unidad militar queda de hecho desvinculada de su comando militar, se pondrá a la orden del comandante de la Defensa Civil.

3.9 Italia

La Protezione Civile in Italia, establece que:

"Quindi, in sostanza, ad assicurare la sopprawivenz da popolazione di fronte a glie catastrofi da fattori naturali od accidentali, perianto, essa ende alia salvaguardia, alla tutela ed alia conservazione di uno degli elementi fondamentali dello Stato: La popolazione, e di uno del valori piú essenziali: la vita humana."

Se ve claramente que tiene por sujetos pasivos a la población en general, de cuya supervivencia se ocupa, y no tanto del Estado mismo. No relaciona para nada a la Protección Civil con la Defensa Civil.

En Italia le han dado tanta importancia a la Protección Civil que activaron el Ministerio de la Protección Civil, dependiente directamente del Presidente de la República.

3.10 Argelia

Cuando Argelia inicia su vida independiente en 1962, hereda un embriónico sistema de Protección Civil, a nivel del Ministerio del Interior, formado por servicios de auxilio y de combate contra incendios a nivel de departamentos o provincia (wilaya). En 1964 se amplió éste Sistema, atribuyéndole el control de las unidades bomberiles municipales y creando servicios provinciales de Protección Civil y Primeros Auxilios.

De esta manera, tomó forma una organización paramilitar en su estructura, pero eminentemente civil en sus objetivos y naturaleza, estructurada, uniformada, con graduación de oficiales, así como de centros de formación propios, creándose una Escuela Nacional de Protección Civil. Su campo de acción se amplió para incluir búsqueda de personas desaparecidas, lucha contra la contaminación ambiental, elaboración y control de los reglamentos de seguridad industrial, así como de la capacidad preventiva y reducir, gracias a la utilización de técnicas modernas, los problemas nocivos del progreso (accidentes sociológicos), todo ello centralizado en una Dirección General de Protección Civil a nivel Nacional.

Con lo expuesto se deduce que nada de lo anterior se refiere al apoyo que los factores civiles de poder le deben dar a las Fuerzas Armadas en caso de una contienda internacional. Basta con ello para demostrar que en éste importante país africano, como en muchos otros países europeos, el término Protección Civil se utiliza para describir actividades que son esencialmente diferentes a las de Defensa Civil.

CAPITULO IV

4. LA PROTECCIÓN CIVIL EN VENEZUELA

En Venezuela nunca ha existido una cultura de desastres, por lo tanto no se le ha dado la importancia que merece la Protección Civil, ya que los Programas estructurados por el Estado venezolano para atender las emergencias, especialmente la llamada Defensa Civil, no se le ha prestado la atención requerida, y mucho menos se le ha dado la jerarquía que amerita.

En nuestro país, a lo largo de su historia ha presentado cuadro de muertes, damnificados, producto de inundaciones, terremotos y otras emergencias colectivas, ya sean ocasionadas por la naturaleza o accidentales. Cuando se ha producido una emergencia de determinada magnitud, siempre declaran a los medios de comunicación social representantes del sector público y privados, de que es necesario elaborar planes de contingencia y preparar a la población para que esté en capacidad de enfrentar las diversas emergencias, pero cuando la emergencia ya no es noticia todo sigue igual.

La creación de FUNDASOCIAL en el año 1970, se inició con muchos tropiezos, con escasos recursos humanos y financieros., pero que tenía por función principal apoyar a las personas que resultaban damnificadas producto de inundaciones o de cualquier otra emergencia. Así mismo se promovió la creación de la defensa civil, se promulgaron algunos decretos, se promovieron reuniones para elaborar proyectos de leyes de Protección y Defensa Civil, los cuales culminaron en las gavetas del olvido. Ejemplo de esto, fue el Proyecto de Ley Orgánica de Protección Civil que se elaboró para clarificar los campos de la defensa y protección civil, a fin de darle coherencia a un proceso, que posteriormente se anarquizó por la descentralización, ya que cada Gobernación sobre la base de las perspectivas individuales, estructuró lo que consideraba debía ubicarse en la defensa civil. Ni siquiera en la actualidad se denomina de una sola manera los pocos programas que existen sobre el particular. Se habla de atención inmediata, defensa civil, protección civil, atención y prevención de emergencias. entre otras denominaciones.

Es importante resaltar que en Venezuela se utiliza por primera vez el término Protección Civil el 17 de marzo de 1981, cuando el Ministerio de la Juventud mediante un Reglamento Interno crea la Dirección de Orientación y Capacitación para la Protección Civil (Artículos 14 y 15). En el año 1985 el Cabildo del Distrito Sucre del Estado Miranda, aprobaron una Ordenanza Municipal de Protección Civil. Esta ordenanza atribuye a la Protección Civil la finalidad de: "Proteger a la población previniendo daños, procurando ayuda oportuna y adecuada y coadyuvando a su rehabilitación en caso de desastre, cualquiera que sea su origen".

En el año 1988 la Comisión Presidencial para la Reforma del Estado (COPRE), elaboró un proyecto de una Ley Orgánica de Protección Civil, que sirvió de base para un proyecto revisado por algunos egresados del Instituto de Altos Estudios de la Defensa Nacional (LAEDEN), el cual quedó sólo en el papel.

Para el año de 1989 se dio un hecho trascendental: "La Enmienda D'áscoli" en la Ley Orgánica de Régimen Municipal, la cual en su artículo 36 numeral 13 ahora afirma que: "Son de la competencia propia del Municipio las siguientes materias: Protección Civil y servicios de prevención y lucha contra incendios de las poblaciones".

Más adelante la Ley Orgánica de Régimen Municipal en el artículo 38, literal c y d, afirma: "En todo centro poblado de más de cincuenta mil (50.000) habitantes, ios Municipios deben garantizar a los vecinos los servicios mínimos siguientes: c. Protección Civil, prevención y extinción de incendios y protección del medio ambiente".

Finalmente es importante destacar la labor que ha venido realizando el Instituto de Protección Civil que se inició en el Distrito Sucre y actualmente forma parte de la Alcaldía del Municipio Chacao.. Así mismo es importante resaltar que paradójicamente, ante la actual situación, para fortalecer la Defensa Civil la Protección Civil ha sido institucionalizada, tal como lo establece el artículo 332 de la Constitución de la República Bolivariana de Venezuela de 1999.

Artículo 332: De los órganos de Seguridad Ciudadana:

El Ejecutivo Nacional, para mantener y restablecer el orden público, proteger al ciudadano o ciudadana, hogares y familias, apoyar las decisiones de las autoridades competentes, y asegurar el pacífico disfrute de las garantías y derechos constitucionales, de conformidad con la ley, organizará:

Una organización de Protección Civil y administración de desastres.

Los órganos de seguridad ciudadana constituyen una competencia concurrente con los Estados y Municipios en los términos establecidos en ésta Constitución y la ley.

¿Por qué no se ha desarrollado una verdadera Protección Civil en Venezuela? la partidocracia y los intereses individuales no le han permitido a los gobiernos de turno prestarle y brindarle la atención que esta materia tan importante se merece. En nuestro país, se han designado Ministros de Estado para todo tipo de acción, pero no se les ha ocurrido al Ejecutivo Nacional jerarquizar al más alto nivel la Protección Civil, es en la Constitución de la República Bolivariana de Venezuela del año 1999 cuando por primera vez se da rango Constitucional a la organización de Protección Civil.

En Venezuela existe gente especializada en esta materia, podemos seguir el ejemplo del Instituto de Protección Civil del Municipio Sucre, quienes han mantenido a través del tiempo una serie de programas orientados hacia la población en Primeros Auxilios, Rescate y Salvamento, Comunicaciones, etc su actuación ha sido destacada tanto a nivel nacional como internacional, actualmente forma parte de la Alcaldía del Municipio Chacao.

La protección civil está orientada exclusivamente a la protección de los seres humanos, y de sus propiedades, creando conciencia de que la preservación de las vidas y de sus bienes, es fundamental para el desarrollo, la seguridad y la defensa de un Estado.

4.1 Las políticas del Estado venezolano en materia de Protección Civil

El Estado venezolano no ha definido políticas serias y coherentes en materia de Protección Civil, durante las distintas tragedias, emergencias y/o calamidades que han ocurrido a nivel regional y nacional, las mismas han sido atendidas o administradas por la denominada Gerencia por Crisis, lo cual no ha permitido la mejor actuación de todos los organismos públicos y privados que tienen responsabilidad directa en tan importante materia como lo es la Protección Civil, y por lo tanto los resultados obtenidos no han sido los más satisfactorios, y la ausencia de políticas ha traído como consecuencia a parte de la pérdida de vidas y de bienes, grandes inversiones de recursos humanos y materiales y que a la postre también pasan a formar parte de las pérdidas por no disponer el Estado de una política bien seria y definida en esta materia.

Dentro del marco de la Seguridad, la Defensa y el Desarrollo del País es muy importante resaltar la importancia que representa la Protección Civil, por lo tanto deben disponerse de políticas coherentes, claras que faciliten la implementación de los planes y programas de Protección Civil a cualquier nivel donde sea necesario su aplicación.

4.2 Responsabilidades de los Entes Gubernamentales

La responsabilidad en materia de Protección Civil es de todos los niveles, desde el nivel central, hasta los estados y los municipios, es una obligación inalienable e imprescriptible de cada una de las autoridades, tiene entre sus funciones la estructuración, capacitación y formación de los integrantes de las organizaciones de Protección Civil, debiendo elaborar los respectivos planes y programas de entrenamiento, contingencias, evacuaciones, rescate y salvamento, primeros auxilios, comunicaciones, y todos aquellos aspectos que tengan inherencia en materia de Protección Civil.

En cada nivel gubernamental debe existir personal especializado, quien dirigirá la organización de protección civil, lo cual le facilitará el cumplimiento de sus funciones, tales como: educación de los individuos, la población, las comunidades en general y a la sociedad como un todo, esto redundará en minimizar las pérdidas de vidas y de bienes en casos de desastres o calamidades públicas.

El Estado venezolano deberá contemplar normas jurídicas que le permitan penalizar a las personas que se desempeñan en los distintos niveles gubernamentales, de esta manera se podrá hacer exigencias de acuerdo al nivel para que cumplan y exijan el cumplimiento de la normativa legal vigente en materia de Protección Civil.

El Nivel Nacional deberá emitir las líneas gruesas de actuación para las organizaciones de Protección Civil, debiendo al mismo tiempo definir el marco jurídico con todas sus leyes y Reglamentos, y de esta manera cubrir el gran vacío legal que se presenta en la actualidad, esto será de gran avance para los integrantes de estas importantes organizaciones.

El Nivel Regional (Gobernadores) debe emitir sus normativas de actuación ajustándose a lo previsto por el nivel nacional, así mismo deberá definir el marco de actuación a nivel del estado, con sus leyes y reglamentos que se ajusten a las funciones que deberán desempeñar a nivel regional.

El nivel Municipal (Alcaldes) deberán emitir sus normativas de actuación ajustándose a lo previsto en el nivel nacional y regional, así mismo deberá definir el marco de actuación a nivel de su municipio, con sus leyes y reglamentos, las cuales deben ajustarse a las funciones que deberán desempeñar a este nivel.

4.3 Nivel de Organización de Protección Civil en el marco jurídico organizacional del Estado venezolano

La creación, modificación y vigilancia de instancias administrativas de distinta índole en el campo de la protección civil requieren de un marco jurídico que íes dé fundamento legal y sustento a sus acciones.

De ahí la necesidad de contar con una actividad que contemple, por una parte, la normativa que deberá regir las acciones de los sectores público, social y privado, y por otro la formulación o la adecuación de leyes en los aspectos tales como normas de construcción(urbanismo), seguridad, usos del suelo y asentamientos humanos que afectan a toda la colectividad.

El marco jurídico resultante, con leyes de protección civil nacional, regional y municipal, permitirá al sector público conducir de manera eficiente las acciones de protección a la población civil, afectada por algún desastre. Las normas existentes en materia de prevención y atención de emergencias presentan limitaciones por su carácter fragmentario.

La creación y permanente revisión y actualización de las leyes de protección civil y sus respectivos reglamentos deberán permitir superar estas ausencias y simultáneamente posibilitarán responder a necesidades concretas de protección de la población en caso de desastres. El objetivo general de estas actividades es proveer de bases legales a las acciones de protección civil.

En la legislación venezolana hasta el año 1987, la protección civil aparecía sólo como una función del Municipio, y con una forma de actuación muy limitada, de hecho el único instituto de protección civil cuyo origen es de la Alcaldía del antiguo Municipio Sucre actualmente pertenece al Municipio Chacao, el único en su estilo en el país.

En la Constitución de la República Bolivariana de Venezuela, aparece en el artículo 332: "De los Órganos de Seguridad Ciudadana. El Ejecutivo Nacional, para mantener y restablecer el orden público, proteger al ciudadano o ciudadana, hogares y familias, apoyar las decisiones de las autoridades competentes y asegurar el pacífico disfrute de las garantías y derechos constitucionales, de conformidad con la ley, organizará:

Una organización de protección civil y administración de desastres.

La función de los órganos de seguridad ciudadana constituye una competencia concurrente con los Estados y Municipios en los términos establecidos en esta Constitución y la ley.

Esto indica que la protección civil adquiere rango constitucional, y a partir de la norma legal vigente deberán elaborarse la Ley y sus respectivos Reglamentos en esta materia, debiendo dársele la importancia que la misma se merece.

4.4 Las Operaciones en materia de Protección Civil

Las operaciones en materia de Protección Civil deberán ser dirigidas exclusivamente por personal autorizado para: coordinar, ejecutar y supervisar la ejecución de las mismas, esto traerá como consecuencia un mejor rendimiento tanto en la fase de planificación como de ejecución de las mismas.

Los organismos responsables de planificar, coordinar y ejecutar las operaciones en materia de protección civil, deben ser cuidadosamente elaborados esto brindará seguridad a los habitantes de cualquier región en caso de materializarse o ponerse en práctica uno de los planes.

4.5 La Organización de Protección Civil y su funcionamiento

La organización de protección civil debe ser estructurada de tal manera que pueda funcionar en forma centralizada y descentralizada, es decir centralizada desde el punto de vista operacional y descentralizada desde el punto de vista administrativo, esto la facilitará el cumplimiento de sus funciones y en sus respectivos niveles.

Así mismo el funcionamiento de las organizaciones de Protección Civil dependerá en alto grado del apoyo financiero del Gobierno nacional; para el pago del personal y la adquisición del material y equipo técnico y especializado que sea requerido.

Nuestro país presenta unas características geográficas y demográficas muy particulares, por lo tanto el apoyo logístico para el funcionamiento de las organizaciones de Protección Civil es fundamental, de la importancia que se le brinde a estas organizaciones dependerá en gran parte el bienestar y un mejor nivel de vida de la sociedad venezolana.

4.6 La Planificación en las Organizaciones de Protección Civil.

La planificación es una de los aspectos más importantes en materia de Protección Civil, ya que viene a ser el marco de referencia ; es decir un mecanismo que permite la asignación racional de los recursos y es el medio para alcanzar los objetivos y responder a las demandas sociales. Esta actividad, al traducirse en planes específicos, constituye una guía invaluable para la acción.

Las tareas de protección civil, como cualquier otras, requieren de una adecuada planificación para armonizar sus tareas con los objetivos establecidos en los distintos programas, y en particular en este caso con aquellos que se desprenden de las actividades de prevención y de auxilio, las cuales requieren de planes básicos y específicos.

Sólo contando con planes de prevención y atención de desastres por tipo de agente perturbador, y funciones de emergencia se podrá reducir al máximo las pérdidas de vidas humanas y bienes materiales y naturales, propósito último de la protección civil.

Aunque en materia de planificación económica y social, existen numerosos antecedentes en el país, en materia de prevención y atención de desastres la experiencia no es tan amplia, si bien se cuentan con planes generales recientes que cubren parcialmente el tema como los elaborados por Ministerio de Relaciones Interiores, Ministerio de la Defensa y Ambiente. Existen, además planes para atender emergencias en otros organismos tanto públicos como privados.

La experiencia en materia de planificación, no ha sido del todo buena, ya que a pesar de existir los mismos su observancia, es decir su cumplimiento no ha sido igualmente rigurosa, a pesar del carácter obligatorio que para el sector público ha tenido.

A esta situación, no han escapado los planes elaborados para atender situaciones de emergencia como se puso en evidencia en los sucesos ocurridos en el Litoral Central (Estado Vargas) el pasado mes de diciembre de 1999.. Por ello, resulta prioritario que los planes de seguridad resultantes de este esfuerzo se traduzcan en verdaderos compromisos de coordinación entre las partes involucradas en la prevención y atención de emergencias.

Las actividades de Protección Civil requieren por su naturaleza del establecimiento de mecanismos de coordinación de acciones entre los distintos niveles de gobierno, entre éstos y las organizaciones sociales y privadas, así como de los grupos de ciudadanos que de manera voluntaria colaborarán en las situaciones de emergencia.

Especial énfasis merece la coordinación de aquellas dependencias y organismos que por sus actividades sustantivas se relacionan directamente con la atención de siniestros o cuyas labores puedan resultar necesarias en los distintos tipos de desastres.

La experiencia en materia de coordinación de acciones en caso de desastres no es amplia, debido a que el país a pesar de haber sufrido distintas calamidades no había experimentado una como la ocurrida el pasado mes de diciembre en el Litoral. De este gran desastre los cuerpos de seguridad del Estado, desarrollaron mecanismos de coordinación para actuar conjuntamente en el ámbito local, es de hacer notar que la magnitud de la tragedia fue tan grande que por casi sobrepasa la acción de los organismos participantes para brindar el apoyo logístico que fue requerido.

En este caso en particular por la elevada pérdida de vidas humanas y materiales, hicieron necesaria la intervención de cuerpos de auxilio, salud y seguridad pública de diversas entidades, e incluso de grupos de socorro del extranjero, destacándose la actuación de las distintas unidades de la Fuerza Armada Nacional.

Así mismo se puso en evidencia la necesidad de que la coordinación debe darse a partir de lineamientos claros y precisos, establecidos por la autoridad responsable para permitir la armonización de los esfuerzos públicos y privados, así como su rápida movilización, tanto para enfrentar el impacto directo del fenómeno causante del desastre como la atención posterior a la población afectada. Igualmente, estos lineamientos deberán permitir incorporar también a los grupos de voluntarios.

El propósito de esta actividad es coordinar las acciones de protección civil, y especialmente de prevención con los organismos, asociaciones y grupos competentes.

4.7 Acciones gubernamentales para dar a conocer la Misión, Visión y funciones de los órganos de Protección Civil.

Los entes gubernamentales tienen el deber de dar a conocer cuál es la Misión, la Visión y las funciones de los órganos de Protección Civil, para ello debe hacer uso de todos los organismos dependientes en cada nivel nacional, regional y municipal, haciendo máximo empleo de los medios de comunicación social masivos, de los programas de educación escolares y a las comunidades.

Así mismo deberá hacer uso masivo de las juntas parroquiales, asociaciones de vecinos y cualquier otro tipo de organización comunal para difundir y dar a conocer qué es la protección civil, los fines que persigue, a quien o quienes está

5. LA PROTECCIÓN CIVIL Y LA SEGURIDAD Y DEFENSA NACIONAL

La organización de Protección Civil que se estructure en Venezuela debe tener como fin principal al ser humano, sin distinción de credos, filosofías políticas o posición social, y como objetivo, la protección de los seres humanos, sus bienes particulares y sus propiedades, y de la comunidad, cuya preservación redunda en beneficio de las condiciones de vida del individuo y de la colectividad, contribuyendo además, al desarrollo, a la seguridad y defensa nacional.

La Protección Civil constituye un instrumento apropiado para brindar una mejor protección de los hombres y de sus bienes. Bajo la influencia de principios y sentimientos humanos se han establecido organizaciones, instrumentos., planes, mecanismos; para proteger y socorrer al hombre, cuando se ha visto envuelto en contingencias, emergencias o vicisitudes, lo cual ejerce una gran influencia negativa sobre los seres humanos cuando son afectados por cualquier catástrofe o calamidad pública, y es importante resaltar que esto no es sólo una función del estado o de una organización en particular, como muchos lo tienen concebido, la protección debe partir del mismo individuo, todos somos responsables, y en las medida de que se cumplan los preceptos de Protección Civil en esta misma medida la Seguridad y Defensa Nacional, se verá menos afectada, ya que cada uno está preparado para actuar en caso de una emergencia o calamidad pública, y esto aminora primero las pérdidas de vidas y daños a los bienes y propiedades.

La existencia de grandes calamidades y catástrofes públicas hacen cada vez más susceptible a pérdida de vidas y daños materiales a los bienes y propiedades, ya que no ha existido una preparación o una cultura de desastres que haya sido desarrollada en el país, la promulgación de normas precisas que exijan de cada habitante el aporte de acuerdo a sus capacidades, sus recursos, esfuerzos y voluntades, todo lo cual debe estar enmarcado como el cumplimiento de un deber elemental y prioritario que cada hombre tiene frente a sus semejantes, y cada región frente a otras regiones en la medida de su potencialidad, y por lo que todo esto encierra, se hace necesario la estructuración de la organización de Protección Civil la cual deberá garantizar una máxima protección individual y de la comunidad, lo cual redundará positivamente en lograr un mejor nivel de vida y bienestar social.

Cualquier modelo moderno de Organización de Protección Civil, debe asegurar y alcanzar los objetivos que conllevan como fin primordial garantizar un cúmulo de bienestar social y establecimiento de las normas que fijen la utilización racional de los recursos a nivel: local, regional y nacional, que haga una verdadera Organización de Protección Civil, efectivo y que garantice las acciones y medidas permanentes para prevenir, aminorar y de ser posible evitar daños que origine cualquier calamidad o desastre. Se hace imperativo la necesidad de identificar en todo el país las principales áreas susceptibles a desastres y analizar que de ocurrir como afectarían la seguridad y defensa nacional.

La organización de Protección Civil debe ser permanente, y no sólo creada para ser empleada en casos de emergencias o calamidades sino también como previsión para tiempos de conflicto y cómo puede contribuir a la seguridad y defensa nacional. La guerra es en cierto sentido una calamidad que amenaza a la población, ella trae consigo incendios, muertes, destrucción, tan igual o superior a cualquier desastre natural, terremoto, inundación, gente sin hogar, necesidades de refugio, necesidades de alimentos, agua y medicinas, etc. Por lo tanto un País no está preparado para la guerra por el simple hecho de tener su Fuerza Armada Nacional en condiciones de adiestramiento, equipamiento para la conducción de las operaciones propias de la organización militar, sí con un esfuerzo simultáneo no se está preparando cuidadosamente la forma de proteger su población civil contra los inevitables impactos que una guerra habrá de causar.

La Seguridad y Defensa se ve beneficiada cuando existen medidas paralelas de preparación de protección civil, de tanta importancia como las otras, tendrán aún en caso de que no hubiera nunca guerra, una aplicación extremadamente beneficiosa, ya que estaremos preparados continuamente para enfrentar calamidades, a las que todos los países están expuestos y a las que los mejores organizados hacen frente de la manera más consciente y ordenada para reducir los efectos de su acción. Así mismo nuestro país no está exceptuado de ser afectado por calamidades o desastres bien sea naturales o accidentales y ya lo pudimos vivir en carne propia el pasado mes de diciembre de 1999, cuando gran parte del territorio nacional fue afectado pro inundaciones, deslaves, etc.

Lo cual afectó enormemente la estabilidad de la vida en comunidad, ya que a parte de las muertes trajo como consecuencia una gran pérdida de bienes y propiedades producto del mismo desastre o causado por manos de malhechores quienes a pesar de la desgracia se dedicaban a saquear y cometer otro tipo de delitos, lo que obligó que el Estado interviniera en forma contundente con la Fuerza Armada Nacional, lo que trae consigo la distracción de recursos humanos y materiales para la atención de los damnificados, evacuación, atención médica, atención psicológica, etc. Estas acciones distraen la verdadera misión de la Fuerza Armada Nacional, ya que para la atención de desastres y calamidades públicas deben existir organizaciones que deben estar entrenadas, capacitadas, especializadas y listas para entrar en acción en caso de ocurrencia de los mismos.

La Seguridad y Defensa Nacional no es tan sólo alcanzar la integridad territorial, sino la necesidad del desarrollo para garantizar el bienestar social. A mayor desarrollo debería existir una mayor garantía de paz y seguridad, porque se podrán solucionar gran parte de los problemas que agobian al individuo y a las comunidades.

La Seguridad, expresada en forma más precisa y consciente, es lograr los objetivos de la política de desarrollo del Estado. Lo más importante de estos aspectos es, que tanto el Desarrollo como la Seguridad, deben estar orientados hacia el logro del orden interno, la estabilidad y la paz interna. A medida que el Desarrollo avanza la seguridad progresa, y cuando los habitantes de un país han organizado sus propios recursos naturales y humanos, de modo que le proporcionen lo que necesitan y lo que esperán de la vida, esto quiere decir que cuando se cubran las expectativas de vida de los habitantes y disfruten de un verdadero bienestar social, siempre estarán dispuestos a luchar por lograr la mayor seguridad, como único medio de garantizar la defensa, la integridad y soberanía de la Nación.

En época de paz podemos olvidar que uno de los objetivos de la Seguridad y la Defensa es alcanzar el bienestar social, así como también debe ser un objetivo del Estado evitar que las calamidades y desastres sorprendan y azoten a la población, por falta de organización, planes, medios y capacitación que permitan reducir sus efectos. Es por esta razón que la Protección Civil adquiere cada día una verdadera importancia y cada vez más su vigencia se hace permanente.

Algunas calamidades ocurridas recientemente en el territorio nacional, tales como inundaciones, deslaves, incendios, han evidenciado poca habilidad e inexperiencia por parte de las organizaciones civiles en el manejo de situaciones anormales, lo cual motivó el empleo casi total de la Fuerza Armada Nacional; por lo tanto se hace imperativo la activación de una organización de Protección Civil que sea capaz de garantizar y proporcionar la paz y tranquilidad que la comunidad tanto necesita y merece, al saberse debidamente protegida por una organización altamente entrenada, capacitada, especializad y con disponibilidad de suficientes recursos humanos, material y equipos que le faciliten el cumplimiento de su misión.

La misma deberá actuar no tan sólo en caso de emergencias o calamidades públicas en tiempo de paz, sino que deberá estar preparada para actuar en tiempo de guerra y que forme parte de la Defensa Integral de la Nación. Este tipo de organización como sistema de vigilancia y prevención permanente deberá estar en capacidad de detener las manifestaciones de posibles descomposición del ambiente, del orden y la paz que el desenvolvimiento de las actividades nacionales requiere, debiendo utilizar sus recursos de acuerdo a los planes previstos para tal fin, dosificándolos en tiempo y espacio, en coordinación con los organismos públicos y privados concurrentes.

En el contexto general de la Seguridad y Defensa Nacional, y dentro de la concepción moderna hay un factor muy importante que ha influido en la evolución del criterio de alerta permanente. Dicho factor ha sido el incremento violentísimo del poder destructivo de las armas modernas y junto con este poder, la forma como se han llegado a aumentar las posibilidades de causar calamidades y desastres, reduciendo el espacio y el tiempo en forma desfavorable para la aplicación de las medidas de protección, que ya no pueden preverse para cuando la amenaza se ponga en evidencia, sino que debe ser considerada como una amenaza permanente.

La gran ventaja de la Protección Civil, junto a la organización y preparación de los otros aspectos de la Seguridad y Defensa Nacional, está precisamente en que ella puede desarrollarse sin el temor de que en la población se genere cualquier otro tipo de organización susceptible de provocar desconfianza y temor de no disponer de un sistema que garantice su completa protección, en casos de producirse calamidades y desastres

Hay que tomar muy en cuenta el factor psicológico, el cual juega un papel muy importante tanto positivamente como negativamente en la Moral Nacional.

Se debe tener claro que el pánico causado por simples rumores sobre la ocurrencia de calamidades o desastres, causa mayor efecto cuando la población no está educada y debidamente preparada por programas que le den la sensación de estar protegidos. La protección civil no puede reposar tan sólo en el Estado, sino en la ajustada conducción de la misma por parte de la población, la cual debe estar debidamente organizada, adiestrada y suficientemente informada.

La protección civil de cada país se crea, organiza y. funciona en base a la experiencia propia y a los demás países que han tenido que recurrir a ella, para disminuir los daños que han producido las calamidades o desastres públicos. Cada país tiene amenazas distintas, y por lo tanto debe tomar las medidas más adecuadas para contrarrestar los efectos de esas amenazas.

CONCLUSIÓN

Vivimos en un planeta que tiene vida propia y su ciclo de fenómenos naturales, como terremotos, tsunamis, incendios, huracanes, inundaciones, deslaves,… que para nosotros, los seres humanos, son catástrofes sobre las cuales no tenemos ningún control. Lo único que está en nuestro poder es organizarnos y tomar las precauciones necesarias para evitar la pérdida de vidas y minimizar los daños materiales.

En este libro hemos revisado las bases de la Protección Civil, comparando las organizaciones establecidas en varios países del mundo. Sólo el ingenio del cerebro humano puede asegurar la sobrevivencia de la especie humana. Por eso es necesario una extensa cooperación entre los diferentes países para desarrollar las mejores tecnologías que permitan avisarnos con tiempo de alguno de estos fenómenos naturales que siempre azotarán a nuestro planeta. También es necesario que aprendamos de la experiencia de otros países para perfeccionar nuestra organización de Protección Civil.